CHILDHOOD
a study of the growing child

童年

華德福幼兒教育經典

風、火、水、土
從四種氣質
探索孩子的內在靈性心魂

卡洛琳・馮・海德布蘭德 Caroline von Heydebrand——著

華德福資深教師 徐明佑——審定　　謝維玲——譯

童年

華德福幼兒教育經典

風、火、水、土
從四種氣質
探索孩子的內在靈性心魂

作者：卡洛琳‧馮‧海德布蘭德（Caroline von Heydebrand）
譯者：謝維玲｜繁體中文版審定：徐明佑

小樹文化股份有限公司
總編輯：張瑩瑩｜責任編輯：謝怡文｜校對：林昌榮
封面設計：周家瑤｜內文排版：洪素貞
行銷企劃經理：林麗紅｜行銷企劃：蔡逸萱、李映柔

讀書共和國出版集團
社　　長：郭重興｜發行人兼出版總監：曾大福
業務平臺總經理：李雪麗｜業務平臺副總經理：李復民
實體通路組：林詩富、陳志峰、郭文弘、吳眉姍
網路暨海外通路組：張鑫峰、林裴瑤、王文賓、范光杰
特販通路組：陳綺瑩、郭文龍
電子商務組：黃詩芸、李冠穎、林雅卿、高崇哲
專案企劃組：蔡孟庭、盤惟心
閱讀社群組：黃志堅、羅文浩、盧煒婷
版權部：黃知涵
印務部：江域平、黃禮賢、林文義、李孟儒
發　　行：遠足文化事業股份有限公司
　　　　　地址：231 新北市新店區民權路 108-2 號 9 樓
　　　　　電話：(02) 2218-1417 傳真：(02) 8667-1065
　　　　　客服專線：0800-221029
　　　　　電子信箱：service@bookrep.com.tw
　　　　　郵撥帳號：19504465 遠足文化事業股份有限公司
　　　　　團體訂購另有優惠，請洽業務部：(02) 2218-1417 分機 1124、1135

法律顧問：華洋法律事務所 蘇文生律師
出版日期：2021 年 12 月 1 日初版

ISBN 978-957-0487-71-8 (平裝)
ISBN 978-957-0487-70-1 (EPUB)
ISBN 978-957-0487-69-5 (PDF)

國家圖書館出版品預行編目資料

童年：風、火、水、土，從四種氣質，探索孩子的內
在靈性心魂／卡洛琳‧馮‧海德布蘭德 (Caroline von
Heydebrand) 著；謝維玲 譯 -- 初版 -- 新北市：小樹
文化股份有限公司出版；遠足文化事業股份有限公司
發行，2021.12　面；公分
譯自：Childhood: a study of the growing child
ISBN 978-957-0487-71-8(平裝)
1. 兒童心理學 2. 教育心理學

173.1　　　　　　　　　　　　　110018565

小樹文化官網　　　小樹文化讀者回函

看見不被成年人思維主宰、平凡又眞實的「童年」

文／Ｖ媽（宜蘭慈心華德福教師）

　　一開始看到這本書的書名「童年」時直覺：「啊！竟然把這位大師級老師的作品名稱『Childhood』翻譯為這麼平凡！」一秒後忍不住大笑自己的痴，「Childhood」不翻譯成「童年」難道要翻為「成年」或「老年」？

　　笑完自己的傻後認真的想想：現在的孩子們也都能擁有平凡又真實的童年嗎？那個有花有草、有哭有笑、有沙有水、有血有淚、有天有地的童年，就像天堂一樣獨一無二、純粹自然、充滿想像力與創造力、隨著四季節奏行走、吃多喝多睡多玩多、值得被敬畏的存在！現今科技發達、大樓變多、生活速度便利又變快後，成年人用成年人的思維逐漸主宰了童年：「早點學閱讀寫字，以後上學才不會跟不上！」「要多背單字不然以後沒工作！」「你怎麼那麼小氣，以後長大會沒朋友！」「童話故事太幼稚都是假的，聽歷史故事至少可以讓以後國中歷史考高分。」「手機給你

看，乖乖坐著不要吵。」「我們不能騙小孩，聖誕老公公根本就不存在。」我們成年人是否在無形中、不自知的逐漸介入、剝奪了孩子真實的童年？**身為父母或老師，我們其實是在分秒中深深影響下個世代，他們的身體健康、心靈健康、情緒健康、面對誘惑時能不能克制自己等等，在孩子的童年時期已透過童話故事、想像力創造力培養、道德教育、四季節奏、休息日、睡眠等多個面向奠下基礎。老師們、爸媽們～我們應該要更加意識到自己對孩子的生命有多麼重大的影響力！**

順毛摸，讓孩子的本質成為他的優勢

《童年》這本書充滿了一個又一個過癮的故事，用故事認識孩子天生的兩種心魂本質（愛玩又愛幻想的大頭體質、愛動腦的小頭體質）、用故事認識四種氣質的孩子（風火水土）、用故事去感受為什麼要說童話故事給孩子們聽、為什麼孩子們需要假想玩伴、為什麼孩子需要遊戲、為什麼要用說故事取代說教、為什麼幼兒喜歡把積木堆高以後再推倒等等。閱讀過程中，總是能從描述中跳出好幾位學生的影子：

「啊！對！Ａ小孩就是像這樣大頭愛幻想，多吃點鹽對他是健康的啊！」

「啊！對！B小孩就是像這樣駝背細瘦又腳步沉重，多吃點甜對他是有幫助的啊！」

「啊！對！C小孩就是像這樣欠缺思考、愛暴怒又強悍，隔天一早再幫他釐清事件是好時機啊！」

「啊！對！D小孩上課老在發呆、遇到食物就活了過來，吃點香菜堅果可以幫他清醒一點啊！」

從孩子的氣質和心魂本質去認識、去了解，繼而正向的去啟發、開展、順著毛摸，讓每個孩子的本質成為他的優勢，而不是去逆毛摸、激怒壓抑他。就像書中所說：「生命能夠正常發展、得到應有的後天教養，需要仰賴負有責任的人真正看見他的天性，並且察覺到生活裡有哪些事物會影響他。」這，是教育／教養的真正祕密所在。

教育是喚醒、培育、啟發另一個生命

在學校面對孩子學習、在「V媽教室親職講座」面對家長教養工作多年，意識到「教養／教育，真的不是我們教給孩子什麼、灌輸什麼知識，而是我們自己愛什麼、我們驚嘆什麼、我們是什麼」。記得小學英文課堂裡，有次跟孩子說「news」這個單字時，把孩子分成東西南北四組，再邀請孩子們幫忙把來自東西南北的

消息聚集起來到中央，當他們用身體學會，並驚嘆的發現「news」這單字竟然是來自「北邊」(north)、「東邊」(east)、「西邊」(west)、「南邊」(south) 字首的結合時，孩子們那驚呼「Wow!」的表情，讓身為老師的我相當震撼。就是這個令人興奮的一刻，會讓孩子們知道英文單字的組成是有生命且有趣的；會讓孩子們感受到老師真心喜愛的美妙語言世界；會讓孩子跟我一起愛上語言學習、愛上探索世界！爾後，不管是單字或文法教學，甚至是英文戲劇或和孩子一起欣賞外語經典文學，我都期待能在課堂上製造孩子們「A-ha!」的時刻！就像書裡所說：「真正的教育，來自教育者在生命裡成為的樣子。」**教育（不管是老師或是父母的角色），絕對是喚醒、培育、啟發另一個生命，而不是主宰！**

這本好書，有故事、有方法、有問題、有解答、有令人拍案叫絕的大笑、有令人動容紅眼眶的故事；從老師的教育角度聊認識不同的生命特質，從父母的教養角度聊如何陪伴幼兒健康成長，從學校教育角度聊藝術性與富有想像力圖像的課程優點。讀完這本書，會感恩我們何其幸運可以當老師、當父母；會感恩孩子在他們還沒進到我們的肚子前就已經先愛著我們了；會深深感謝我們的生命因孩子的生命成長而更趨健康圓滿；會敬畏因好好且真實陪伴孩子的童年，而讓我們有機會再一次經驗天堂的美好！

迎接「童年」神聖的身心靈、陪伴孩子健康成長

文／薛曉華（台灣另類暨實驗教育學會理事長）

　　初看到書名「童年」（childhood），一種對人類圖像「神聖性」與自然如實性，正如一張張孩童純真的臉浮現心中！曾幾何時？追逐著文明科技與經濟發展的洪流中，孩童被追趕著長大，就好像只是成年人的縮影，失去了原本獨特的樣貌！身為教育工作者，我常常穿梭在大眾捷運、公共空間中，迎面而來現代兒童所處的真實環境，常常讓我為他們感到心疼！我看到捷運上約4、5歲的幼兒埋首於手機遊戲；我看到餐廳裡約6歲的幼兒從厚重的書包裡拿出認知性的作業，這兩個場景，我看不到孩童應有的童年臉龐！

　　我們常說，幼兒就像生命小種子，是成長中的幼苗，從發芽階段便需要整個社會承接與守護。然而，孕育一株株小幼苗的花園呢？童年應有的成長土壤與沃野呢？隨著閱讀本書，我彷彿看到了讓我們重返耕耘一整座適合童年呼吸的花園、村落，迎接他

們健康成長！

　　本書第一篇便以「生命是大自然藝術家創造的奇蹟，而我們必須用藝術的眼光來看待孩子的成長，才能真正看見他們的本質」，來迎接孩童身為普世「童年」人類圖像的「神聖性」！作者卡洛琳・馮・海德布蘭德以聖嬰誕生時的宇宙萬物與天使環繞的畫面，帶領讀者進入嬰孩來到世上的神聖光照圖景。就像華德福學校常唱的歌「來自太陽、來自月亮，大地之上有我的家……」當時整個世界和諧運作，為了迎接嬰孩之生命誕生，而我們也必須用欣賞藝術的眼神來看待孩童、迎接其生命的神聖本質；更學習以歌德觀察的眼光，看待自然界如何在有機的互動中塑造孩子的體型。伴隨天地的力量，而孩子生命本質中的「心魂」（soul）與「靈性」（spirit），之後會形成自身的「天賦」（gift），此時作者又以溫暖的筆觸帶出大頭孩子與小頭孩子的「獨特性」，以平易近人的故事讓大人了解孩子需要何種飲食，以溫暖伴其健康成長。

　　接著，作者帶領讀者走向第二篇、了解孩子的心魂本質，理解孩童的不同氣質。這裡，作者以故事的方式描繪出四種氣質的：生命形構力運作在血液循環與呼吸節奏中的「風向」孩子；彷彿被地球引力下拉，沉重卻身體細瘦的「土向」孩子；帶著滿腔熱血行動，有時不知何時會像火山爆發，令教養者需要有極大耐心

和自我克制力才能深入了解其心的「火向」孩子；還有就像被淹沒在滋養並維持有機體汁液裡的「水向」孩子。作者帶著我們以理解眼光覺察孩子的心魂走向，以此心態施予教育。溫暖、生活化對待的各種例子，讓閱讀中的我不僅想到自己小時候的行為，互動過的孩子的身影，也彷彿重新躍然眼前，重新被作者以教育的愛滋養──愛，先求理解、方能包容與善待。

第三篇來到了童話故事與想像力遊戲的土壤，作者以數個小孩的故事，告訴我們故事如何讓孩童更認識他們特有的天性與氣質起源，當孩子在故事中揮灑想像與創造力，許多事物的奧祕便湧進他們的心魂。透過圖像和隱喻、相遇孩童的想像力，使他們自然成為自由、有創意的人，便是喚醒了他們內在力量！走向第四篇，作者帶著我們認識幼兒所需要的節奏、韻律、清醒與睡眠，是心魂來回靈性世界與塵世的通道，孩童是大自然的一部分，他們的身心跟隨著白天與黑夜行走、隨著四季的節奏而成長；四季的節慶與一年慶典、三餐前的祈禱等，這些隨著自然生活的正常作息與身心滋養，都能讓孩童產生敬虔與平和的心靈力量！這對他們的整體生命來說具有重要的意義，形成日後成長中的內在心光，在成長中連結世界的內在靈性根基，穩穩的站在大地上！

最後，作者帶著我們走到了教育者的心靈力量：「教育的本質從來不是靠我們教什麼？或者對孩子做什麼，而是仰賴教育者

的內在心靈本質」。作者以海倫・凱勒與蘇利文老師心魂之間互動關係的故事，述說著教育所孕育的命運，是「教育者在生命裡每個時刻的『形成』、在生命裡每個時刻成為的樣子」，陪伴著孩童成為更好的自己。我看到這裡非常感動於一種身心靈整體的教育愛、伴隨著孩童身心靈整體需要的健康成長。老師的每一次教育，都是在引導學生的發展，你想學生成為什麼樣的人，就要嘗試去「喚醒」藏於他心靈深處的這些特質、伴其「生成」（be-coming）！

　　隨著作者的筆觸閱讀下來，我覺得這不僅是一本華德福幼兒教育的經典教養書，在 21 世紀後疫情時代的瞬息萬變下，更是廣大兒童迫切需要自然滋養、健康節奏、生機呼吸的花園；是需要帶著教育愛的心魂，去迎接他們的成人所需要的身心靈鍛鍊；是需要帶著理解孩童與包容的心來承接他們的童年沃野。我們需要像盡全村力量般共同去善待孩童，守護每個具備神聖性與獨特性的「童年」。如此，一張張童年的臉龐，彷彿重新訴說著健康成長的希望！以敬虔與守護童年的心靈，我願意為大家推薦這本不可多得的身心靈教育、愛的滋養的好書——《童年》。

適時適性且富含藝術圖像與情感陶冶的深化教育，將是成長的必要條件

文／徐明佑（華德福資深教師）

閱讀這本書，帶給我非常美好的感受，在學習教育的歷程中，多位前輩溫暖教導的面容竟隨著文本一一浮現，原來許多精要的觀點、教育的基本原則以及教養的實例，都在這本書中有清楚提及。

本書談到我們的精神靈性如何化身為人，而在這個精緻的發展過程中，童年階段的氣質形成，則是精神顯化的客觀明證。但需要有一雙發現的眼睛，才能看到氣質形成背後的本質；在掌握本質後，即能運用健康確切的教育行動，讓孩子適性的成長。

作者引領我們透過身體外型的觀察，看到不同氣質孩子在物質身體上的明確特徵，又使用細膩的描述，從同理孩子內在狀態的角度，讓大人得以感同身受的明瞭孩子的成長是怎麼一回事。作者也鉅細靡遺的描寫每一種氣質的特徵，並提醒我們不要陷入教條的框架與理論迷思，再搭配真實的教養實例，讓我回想起從

接觸教育開始到現在，這二十多年中所遇到的各式各樣孩子們，有些潛藏心中多年的疑惑也因作者的描述而解開。

一旦我們與孩子之間能保有教養智慧的心靈空間，不過度著急的介入孩子行為，不陷入焦慮的面對孩子暫時性的情緒反應，我們將能在正向思考與負向思考兩極的切換之間，因為正確看見氣質的組成與變化，洞見孩子內在真實的心理需求，我們終將擁有教養上的行動智慧。

為何孩子如此喜愛童話？為何孩子的遊戲充滿創造的幻想？我們感受到孩子有這些特質，卻很少有機會提問。我們喜愛孩子外在的表現，卻很少有機會擁抱孩子潛意識中的內在自我。當我們做到讓孩子感受到自己被身邊的大人深深的同理時，我們將發現這樣的觸動會讓孩子的眼神閃爍著篤定的光芒，而這確實的支持孩子每一階段的自我成長。

從書中的論述到實際的教學，
看見身心靈性教育的時代已經開始

在教學過程中，我有很多機會享受孩子的童言童語，但孩子遊戲中的幻想話語也會讓我感受到困擾。當父母與老師急著想把孩子帶進成人眼中的真實世界時，充滿創意的幻想話語可能會被

貼上謊言的標籤。但孩子在意識中所經歷到的一切，從他們的角度來說，才是更為真實的，我們成人眼中的真實世界，對他們來說仍是一種朦朧與不切實際的存在，一旦等到孩子在他意識所屬的「真實」中吸取了足夠且扎實的養分，他就能帶著豐沛的情感與強大的意志力量，進入成人眼中的真實世界探險、學習與追求自我成就。

　　作者在書中舉了史代納博士用童話故事的比喻，讓我們了解自己如何扼殺孩子的創造性想像力，甚至讓充滿天賦的孩子受苦並進入疾病的狀態。我們如何辨識，以支持孩子能在成長中保有最大的創造性想像力，而不是輕易使用狐疑的眼神回應、用謊言的標籤拒絕，這是父母與老師需要好好學習的一門功課。而孩子有「看不見的玩伴」（靈性世界的朋友），或是可以感知到守護天使並與祂互動，的確是我們在他們想像力豐富的幼年時期，可能會忽略掉的一種現象，而這就碰觸到生命的智慧這門功課了！

　　可喜的是，在史代納博士創立華德福教育百年之後的現代的世界，我們可以普遍的透過文學與電影，享受具有生命智慧的創造性想像力，甚至療癒我們的內心。有一位我用本書教育理念從幼兒園一直教到國中的學生，她在八年級時介紹我看一本關於「看不見的玩伴」的書《回憶中的瑪妮》（*When Marnie Was There*），並且將故事創作成立體書。因為作品太傑出，所以我還

讓她在九年級時，就到清華大學去為大學生講述一小時她的立體書專題製作過程。每次聽她介紹這個充滿靈性的故事都讓我深受感動，而現場的大學生們飽滿的感受到她對生命的熱情，也深深讚賞她的執行力！

　　為何我要提及現在的中學生與大學生，是因為作者是在1938年逝世的，本書所觸及的靈魂在近百年後已經讓現代的孩子習以為常。而作者在這本經典中的論述、加上自己在教學上的印證，讓我更確信身心靈性教育的時代已經開始，適時適性且富含藝術圖像與情感陶冶的深化教育，將是孩子成長中的必要條件，而未來身心成熟茁壯的新一代成人，則將為社會帶來革新的力量。

　　最後要感謝譯者溫暖的翻譯，讓這本德文譯英文，再英文譯中文的經典有了活潑的生命力，而且文字具有傳達感動的穿透力。讓我在英文與中文校對的過程中，也能看見與欣賞中文的深邃靈性意涵，相信讀著們一定也能在閱讀時享受其中。

目錄

CHAPTER 1
自然界如何塑造
孩子的體型

21

生命是大自然藝術家創造的奇蹟，
而我們必須用藝術的眼光來看待孩子的成長，
才能真正看見他們的本質。

・愛玩又愛幻想的大頭孩子，
　以及愛動腦的小頭孩子

- 幼兒的道德教育：
  故事的圖像比起警告與懲罰還要有用

- 假想中的玩伴：孩子健康且恰當的發育過程，
  而不是異常現象

- 幻想謊言：孩子誇大的言詞
  通常是渴望讓人覺得自己有價值

- 幻想故事：讓我們認識孩子的天性、
  性格、氣質與靈性起源

- 脫離正軌的想像會讓年輕人墮落、
  壓制抽象且缺乏培養的良知衝動

- 學校教育必須富含藝術性與想像力，
  對孩子來說這才是理所當然的學習方式

CHAPTER

4

如何讓學校生活，
從遊戲轉向
具學習性的工作

教育必須保留遊戲中的創造力，
因為當一個人愈有活力與創造力，
才能在為社會服務時獲得更多成就感；
因此我們必須保留孩子健康遊戲中的自然特質，
並且持續在青年時期培育。

- 教育者不應強迫孩子將注意力
  放在智性內容與做事的意義上

- 如何將圖像與課程教學結合在一起，
  引發孩子的情感意志

- 童話故事的場景順序吸引著心魂，
  並喚起隱藏的內在力量

CHAPTER 5 生命中的節奏，以及四季與節日生活的重要性

145

孩子是大自然的一部分，
他們的身心跟隨著四季的節奏行走與成長，
規律的日常生活與固定的節日，
都是孩子健康的心魂養分。

- 清醒與睡眠，是心魂來回靈性世界與塵世的通道

- 簡單的餐前感恩禱詞，
  就能帶給心魂感激與愉快的情緒

- 休息日的時光，
  可以喚起工作日所需要的想像力與沉穩心境

- 四季節慶：
  讓兒童跟隨著大自然的節奏，跟著四季而成長

- 最深化的教育，來自引導孩子產生某種深刻印象

真正的教育，來自教育者在生命裡成為的樣子

CHAPTER 6

171

秉持原則，絕不呈現連自己都感到乏味的東西，
當我們親自體會要讓學生驚嘆的教學內容，
才能真正感受到學生學習的喜悅。

- 教育者的「本質」，
  才是能影響孩子、真正的「教育」
- 老師是改變命運的力量
  ——海倫・凱勒和蘇利文老師

我今天一定是在做夢，
還是我清醒的看見長著翅膀的女神賽姬？

CHAPTER 1

自然界如何塑造孩子的體型

生命是大自然藝術家創造的奇蹟，
而我們必須用藝術的眼光來看待孩子的成長，
才能真正看見他們的本質。

我們生活在奇蹟當中，卻對那些奇蹟習以為常，所以儘管人類成長的奇蹟一再發生，它們卻沒有像該有的那樣吸引著我們，我們感受不到形塑的成長力是多麼溫柔與親密。這些成長力掌管了母體受孕後產生的物質，並且以之塑造人形，包括圓球狀的頭部、橢圓形的軀幹，以及放射狀的四肢。它們塑造出各個器官的特殊形態，以充滿創造性的方式運作，進而讓我們明白神聖造物的含義。它們見證了神的存在；它們的運作充滿超越人類能理解的智慧，而且沒有任何知識能夠理解此智慧並重現那些活動；那是一種被意志力量滲透的活躍智慧，有神運作在其中。思忖一個小孩長大成人的過程，我們能不成為一位信仰者嗎？

任何思想開明的人只要深入了解那些形塑力的本質，都能看見它們運作機制裡的藝術性以及它們所造就出來的美。這種美存在於嬰兒頭頂上那像花瓣一樣開著且尚未密合的顱骨穹竇中，也存在於如天使羽翼般細緻的脊椎關節構造中，肩胛骨很美，而四肢的骨頭有著精美的造型。這會讓人產生一股衝動——不只是注視，還想要用指尖去觸碰、用手部曲線去感受。最棒的是，透過用手捏塑蜜蠟或陶土，我們就能學會理解那些形塑力。相較於只研究解剖構造，捏塑能讓我們更了解孩子成長中的形體。

魯道夫・史代納（Rudolf Steiner, 1861 － 1925）[1]經常提到這樣的省思：**如果大自然是個藝術家，並且透過藝術推動力來運作的話，那麼科學也必須成為藝術，才能夠真正認識大自然。**事實上，比起基於自然科學的觀點，從藝術觀點去看大自然，可以獲得更深入的洞見。雖然從植物學的面向去研究一朵花可以讓我們學到很多，但是我們也應該用藝術的感受去觀察花莖、花葉、花苞和花瓣的形狀。我們應該要體驗歌德（Johann Wolfgang von Goethe, 1749 － 1832）[2]見到植物收縮與擴展的呼吸韻律——花莖收縮、花葉擴展、花苞閉合、花朵綻放。唯有如此，才能真正體會一株植物，而且這種方式能讓我們學到比不具藝術洞察力的科學觀察還要多的東西。

因此，我們也必須用藝術的眼光和鑑賞力來看待嬰兒，否則就無法了解他們的本質，因為嬰兒在出生之後處於完全肉身的生命層次。

在一些描繪耶穌誕生的老圖片裡，聖母與聖子上方矗立著嶙峋山崗，前景有植物，牛隻和驢子探頭望著馬槽，天上閃爍著一顆孤星或整片星斗，天使們俯視著洞穴，整個宇宙和天地萬物都

1　　譯注：出生於當時的奧匈帝國，是一位教育家與哲學家，同時也是華德福教育創始人。
2　　譯注：德國著名詩人與劇作家，他同時也是自然科學家與政治人物。

參與了聖子的誕生。

　　但同樣的奇蹟也出現在每個孩子的誕生中，宇宙的力量在孩子肉身的靈性之型上存有作用，生動的形構力（form-forces）滲透其中。靈性化身為人，就像石頭、植物、動物那樣存在於地球上，並且穿上自身的皮囊。整個世界和諧運作，為了迎接人之生命誕生。懷孕會喚起天地的力量，而孩子的生命本質、他的心魂（soul）、靈性（spirit）之後會形成自身的獨特天賦——也許是天才——也會作用在身體的建構上。在這個時刻，心魂與靈性犧牲自己成為身體，為未來形塑身體的條件。身體被塑造成載體，用以承載有意識的個體心魂，以及清醒的靈性，而塑造身體的條件，在出生前便由心魂所形塑，是前世所造成的果。

　　生命形構力的形塑活動受制於前世力量的條件，這些形塑的力量會從建構頭部開始，然後往下運作到其他器官。我們可以在胎兒即將出生之前看見一個明顯的對比：頭顱大得與身體不成比例且有著如天穹般的圓頂，軀幹小、四肢短且尚未發育完成（瘦小的腿就像微小的附肢）。出生時，頭部會展現絕佳的完美性——頭顱很大、前額圓凸，下面有著小臉蛋。觀察嬰兒的頭部，我們會注意到他的五官輪廓慢慢變得成熟，漸漸變得清晰且帶有個人特色。以敬重的心來看這些事，學著觀察個體的心魂如何建構身體型態，真的是很美好的經驗。

愛玩又愛幻想的大頭孩子，
以及愛動腦的小頭孩子

　　讓我們再想想新生兒。他幼小的身軀是將來長大成人的種子，如果從這個發育初期一直觀察到第二副牙開始冒出來的重要轉變時刻，我們看到的不只是孩子的身體，還有他的心魂與靈性特質的潛在傾向。我們可以循著這個重要軌跡回溯到他的前世存在以及個體的永恆意向；我們可以感知那些在靈性生命中形成的決定，未來將如何在塵世命運和塵世工作裡實現。

　　嬰兒的頭部大得跟身體不成比例。隨著日漸成長，他的頭身比例會愈來愈協調，然後進入成年階段。但是這個過程是以各種不同的方式發生，每個人的狀況都不一樣，每個人的頭都是天生如此。撇開水腦症（hydrocephalus）[3] 或顱骨軟化（craniotabes）[4] 這些病症不談，有些嬰兒的頭部確實是比較大。他們的額頭圓凸、臉蛋小，即使日後達到某種協調比例，還是會給人一種大頭寶寶的印象。

　　那麼，我們說孩子從頭部往下成長是什麼意思呢？它是指頭

3　譯注：腦髓液過度增加，引起大腦腔室異常擴大。
4　譯注：嬰幼兒頭骨發育異常的症狀，頭頂上有一個區域按壓時手感類似乒乓球。

部的力量掌控了新陳代謝（metabolism，亦即物質轉化）機制，並且進行形塑的工作。更進一步來說，孩子的頭部（神經與感官系統中心）還沒有像大人的頭部那樣成為思考的工具，它仍然主要是新陳代謝器官，裡面充滿了物質轉化活動，充滿了生命。慢慢的，新陳代謝的力量從頭部退離，細微的分解代謝（死亡）過程開始進行，而第一副牙的萌發便是前兆。**隨著生命形構力逐漸撤出頭部，頭部會變成一個具有清醒概念意識的工具，而且它的尺寸會相對變小，跟身體達成一個所謂的「正常」比例。**

然而，如果新陳代謝的力量在超過一段適當時間之後依舊活躍於頭部，依舊以在嬰兒身上那樣的方式運作，那麼頭部仍然會大得跟身體不成比例，主要仍然會是個生命器官，而不是感知器官。這種孩子看起來頭大、前額圓凸、身體小。他們缺乏平衡感，走路或跑步時經常跌倒，好像身體被頭部的重量拉到地上一樣。這些都顯示了他們的神經系統受到新陳代謝系統壓制、彼此尚未互相穿透。

這種頭部偏大的幼小身體裡，蘊藏著怎樣的心魂呢？夢幻的心魂。有例子顯示，這種心魂缺乏敏銳的意識及持續性的感知能力，腦中的影像與概念朦朧不清。隨著年紀增長，它才會達到較為平衡的狀態，不僅頭部會相對變得小一點（儘管這類型的孩子仍然會被視為大頭兒童），內在生命也會變得較為機警和醒覺。然而

這種醒覺並不是以聰明的概念、清晰的思路或精確的感知能力來展現，而是會展現在豐富的想像力上。大頭孩子擁有的想像力以及對藝術活動的喜愛是很驚人的，他們的腦子裡充滿了靈感和創意圖像；畫作裡的形線不如色彩那麼精采，線條和造形部分似乎比較凌亂，但是這些小小藝術家會覺得這種凌亂有著豐富優美的秩序，而他們也許找不到文字可以向大人表達這種豐富的感受。

這種孩子會運用大人看似不可思議的想像力來盡情玩耍，他們不會放過屋子裡任何一樣東西：一塊破布可以變成一個洋娃娃，再變成一隻大象，然後再變成一件新娘頭紗等等。這種豐富的想像力會讓父母感到驚訝且不知所措，以至於被視為異常現象。

對於大頭孩子的成長發展，我們不能只當個被動的旁觀者，因為他們的教育需要我們多用點心。

首先，**千萬不要一直對孩子說他的想法很蠢，那樣只會扼殺他的想像力。教育靠的是培養，絕不是摧毀**。如果孩子能盡量在發展過程中保有活潑、富有創意的想像力，對他將來的人生會更有幫助。學校裡有的是機會發展死板的智能，而且對象不分年齡，因此真正的教養者更應該珍惜並保護在孩子體內流動的生命能量以及活躍的精力。如果他們能用細膩的方式不斷把孩子的意識導入他正在做的事情上，就能避免孩子變得不受控制或者發生

佝僂的傾向。比方說，讓孩子在畫畫時做一些喚醒意識的小練習，尤其是在開始換牙之後。當大人對孩子說：「你看，你把這個東西塗成紅色，在旁邊塗了綠色和黃色；現在我想看看如果你這次塗藍色，那麼旁邊要塗什麼顏色？」此時孩子就必須思考，他不能只是用新陳代謝的力量揮動畫筆，而是需要運用一下自己的觀察力。當然，在這種情況裡，大人必須洞察孩子的本質才能給予相應的任務，不能光憑自身的智性。

對這類型的孩子來說，上學通常是個沉重的負擔。他們被要求立即克制愛玩、愛幻想的天性，而且要面對或多或少抽象、缺乏藝術感、步調過快的讀寫課程（儘管立意良善）。他們豐富的想像力在各方面都受到限制，因而經常導致他們的健康受到影響，圓嫩紅潤的臉頰變得虛弱蒼白，這在入學第一年經常發生。

為了維持正確且健康的身體與心魂發展，這類型的孩子特別需要一種具有藝術性、遵循史代納教育法的教學方式。呈現字母給孩子時，要從簡單的藝術圖像中浮現，先學會寫字再學習較為抽象的閱讀，並且透過跟著節奏擺動身體、跳躍、拍手來進入數字的世界。這種方法會在潛移默化之中喚醒他們的意識而不造成傷害，畢竟他們最令老師頭疼的地方，就是思緒容易飄移、缺乏專注力、無法精確觀察眼前的事物，而且也不善於描述。就氣質

來說，他們是屬於風向或水向的孩子[5]。

我們要幫助大頭孩子融合神經感知系統（Nerve-sense system）跟新陳代謝系統（Metabolic system），避免其中一方占據主導地位，大人可以遵循史代納博士的建議，確保孩子從食物中攝取足夠的鹽分，因為鹽具有喚醒意識的作用。**教養者在飲食方面絕對不能盲目跟風，如同今日普遍見到的現象。記住，對大人有益的不見得就對孩子有益。**無鹽飲食或許像生食水果和吃素一樣可以幫助多發性硬化症高風險群的成年人，但是對大頭孩子來說，卻特別有害，因為它會導致孩子意識遲鈍以及專注力不足。大人必須以關愛的心態去觀察孩子，才能察覺他們應該攝取什麼食物。

或許孩子自己對於增進意識覺醒及專注力的食物有一股強烈的渴望，那麼他們就會偏愛鹹或酸的食物，就像有些孩子愛吃糖一樣，大人可以用折衷的方式來滿足這種欲望。但是也有可能孩子出於某種反常的直覺，拒絕攝取對自己有益的食物而偏愛甜食，因為甜食可以滿足他們天生對模糊和做夢的喜好。這時候就要靠老師發揮巧思，將孩子對甜食的興趣轉移到有鹽分的食物上。另一種可能性是有機體無法消化必要的鹽分，因而必須靠增強消化系統加以補救。但是這屬於醫療領域的問題，不在目前的

5　譯注：關於孩子的四種氣質，請見本書chapter 2的敘述。

觀察範圍內。我要進一步指出的是，根莖類蔬菜含有鹽分，因此大人可以讓孩子攝取各種根莖類蔬菜，例如以孩子愛吃的方式來料理胡蘿蔔或甜菜。史代納博士的另一項建議，是教這些孩子早上起來用冷水洗手洗臉。這些基本的努力將會把頭的本質帶入自身，並將新陳代謝的力量控制在適當範圍之內。

除了成為父母樂見的模樣，孩子在健康正常的狀況下發展出來的體型也是反映心魂狀態最可靠的指標，大人應該為此時常用愛的溫暖關注孩子的體型發展，而一開始頭大的嬰兒，頭部可能會在不久之後變得相對較小而精巧（當然，因疾病而引起的極端狀況不在討論範圍之內）。

心智上，小頭孩子跟同齡的大頭孩子有著相當程度的差異。他們很快就能展現精確的觀察力，腦中有清楚的圖像和概念，說話也比較伶俐。從遊戲當中我們可以明顯發現，小頭孩子較不滿足於把玩簡單且原始的遊戲素材，因為他們沒有足夠的想像力能夠把一塊單純的木頭視為一個玩偶、一列火車、一頭獅子、一輛汽車等等，他們比較偏愛從玩具店裡買來的「真實」火車。這些孩子可以花好幾個小時玩組合模型、按照指示有系統的將零件組裝起來，儘管這不利於他們的健康成長。

要了解大頭孩子和小頭孩子真正的特質，就應該帶他們到森林裡走走。不用多久，大頭孩子就會玩得渾然忘我，用青苔、樹

皮、冷杉樹枝、小石頭蓋起農場，周圍鋪上花朵，並且在草地上擺放橡實和山毛櫸充當放牧的牛隻。

智性的小頭孩子則會巴著大人問一些經過深思熟慮的問題，例如：樹是誰創造的？它們怎麼長大的？而且他動不動就會搬出交叉詰問和追根究柢的語氣，例如當大人解釋這個世界由神所創造的時候，他會問：誰創造神？神長什麼樣子？孩子也會描述自己創造的各種發明、各種小機器等等。儘管如此，他還是很喜歡大人陪他玩遊戲並且提供建議。

小頭孩子在畫畫時會預先想好自己要做什麼，他會用輪廓鮮明的形狀來表達自己的想法，並且能夠清楚明白的說出他想要描繪的東西。但是他的「藝術作品」經常顯得遜色，一來是他缺乏豐富的想像力，二來是他缺乏實現想法所需要的技能。

大頭孩子會直接拿起一塊黏土來捏塑，雖然作品看似奇形怪狀，但它在孩子的想像裡是活的，他從作品中看到豐富的造形。然而小頭孩子則很可能把黏土搓成一條條的「香腸」，再把它們黏合成一隻有頭、有身體、有四隻腳的動物。

「他總是會畫出兩個眼睛，

因為他知道他們有雙眼。」[6]

　　小頭孩子「知道」一個人、一隻動物或一朵花由哪些部分組成，他會仔細剖析，然後根據自己得到的這些知識將各個部分拼湊起來，所以他耗費許多工夫與心思建構起來的作品會欠缺藝術感。反之，大頭孩子憑著對整體的感受，不經過太多思考便直接動手創作，因此即使是最簡單的作品，他也能賦予一種藝術風格。

　　小頭孩子的生命形構力會提早撤離神經感知系統，讓神經感知系統準備好成為概念性生活的工具。但有可能發生的狀況是：生命形構力撤離得太過劇烈，以至於用來萌發意識的衰亡過程強過新陳代謝系統的生命力，因此擾亂了兩個系統之間的協調性。如同先前提到的，這不見得是個異常現象，它引發的是跟剛才所描述且有著顯著差異的孩童類型。當然，人生的事並不像文字描述那樣可以分得那麼清楚，畢竟文字敘述是為了把事情說明白。

6　　這兩句話來自德國畫家及詩人威廉‧布緒（Wilhelm Busch），原文如下：

Zwei Augen, aber, fehlen nie,
Denn die, das weisz es, haben sie.

但是清楚區別可以幫助我們從這種角度來觀察孩子，並且找出相應的對待方式。

受神經感知系統支配的孩子，比起受新陳代謝系統支配的孩子更為醒覺、聰明，不關心從出生到死亡整個生命歷程的普通人會比較喜歡他們。尤其在學校裡，他們聽從指導且易於接受抽象的閱讀、書寫及算術教法，他們善於分析的頭腦相當適應現今具有支配傾向的學校教育。

真正的藝術特質是未受思考影響的，而這種特質偏偏在學校或家庭裡都得不到太多肯定。當父母看到孩子創作出毫無「故事」可言的塗鴉時，他們會感到焦急憂慮，而當他們認得出孩子畫的是什麼東西時，像是一間屋子、一個人、一隻狗、一棵樹等等，就會覺得很驕傲。人們很少注意到這些智性且注意細節的小頭孩子通常不擅長藝術創作，這些孩子的頭腦有機體缺乏足夠的創造力，作為意識醒覺基礎的衰亡過程太早開始，並且以固化的元素作用在他們所做的事情當中。

所有具備洞察力的教養者，在教導這些常見於大都市的聰明孩子時會感受到重新恢復平衡的重要性。這些孩子在畫圖時特別需要多用水彩、技巧性的避免使用鉛筆，儘管他們經常愛用鉛筆作畫。如果非得用鉛筆不可，那麼至少要用色鉛筆。還需注意的是，他們要盡量在著色時大面積的塗上顏料，或者在素描時採用

描影[7]的方法，而不是著重於描繪輪廓。這種做法對他們有好處，且會讓他們的畫作漸漸帶有藝術感。**當然，大人不應該勉強孩子，因為重點在於引導、鼓勵與建立平衡，而不是強迫孩子去做違反本性的事。**

經常讓這些孩子聆聽富有圖像的童話故事、冒險故事或傳奇故事，有助於平衡他們對機械與科技發明的高度興趣。但是這種興趣不應該被壓抑，因為在目前的時代精神下，充斥的機械與科技產品原本就容易引發他們的興趣，大人需要做的只是引發其他興趣，不斷重新喚醒並保存孩子思想生命中的創造力，幫助他們維持平衡。

不難理解，這些大多有著蒼白臉頰的小頭孩子，需要刺激與強化新陳代謝，以便讓旺盛的生命力注入神經與感官系統，因此他們需要攝取有適度甜味的食物，像是成熟的甜水果、果糖、蜂蜜、麥芽糖等等。不過難以避免的甜菜糖[8]應該只用於熟食調味，而不是當甜食吃，以免破壞牙齒和腸胃。如果孩子明顯缺乏童真的藝術創作能力以及活潑的想像力，大人可以在夜晚用溫暖的敷布包覆孩子的腹部，溫暖並活化孩子的神經感知系統。有機生命

7　譯注：運用物體的明暗陰影來呈現出物體的形體，而非描繪出物體的線條輪廓。

8　譯注：使用甜菜製成的糖，是精緻糖的重要原料。

與心魂生命互相交錯的孩子，會藉由這個方式讓精神生活得到更多能量和想像力。我們絕不能低估有機過程對孩子心魂生命的影響，這並非物質主義，相反的，我們可以藉由明白物質過程受到靈性生命制約，回過頭來強化靈性生命。當然，這個自然過程並不適用於能夠讓自己的精神不被肉體所限制的大人，但是唯有當大人懷著敬畏之心去辨認並觀察到肉體出自靈性生命並且同時蘊藏著靈性生命覺醒的種子時，在教養及教育孩子方面才能夠有所進展。

CHAPTER
2

了解孩子的心魂本質
以及四種氣質

生命能夠正常發育，
需要我們真正的了解孩子、
了解他們不同的心魂狀態。

生命能夠正常發育、得到應有的後天教養，需要仰賴那些負有責任的人真正看見他的天性，並且察覺到生活裡有哪些事物會影響他。在對待與教育孩子時，大人之所以會犯下許多根本錯誤，是因為沒有真的了解孩子。為了讓孩子得到真正有益的教育，大人必須徹底了解他們。生命形構力除了負有塑造形體的直接任務，也能賦予生命以及促進成長。這些力量的運作方式對孩子有著極大的影響，因此大人必須對這些力量有清楚的概念，才能在教養上看到成效。現在，我們要試著藉由四個孩子的故事來傳達這種概念。這四個孩子的生命形構力都以不同方式運作，因而創造出不同的心魂狀態。

Sanguine Child
風向孩子：容易分心的 5 歲小男孩羅賓

　　5 歲的羅賓有著一頭紅色捲髮，前額圓凸、眼珠湛藍、鼻子嬌小微翹，且上脣比下脣突出。以這個年紀來說，他的體型沒有特別高大，但是勻稱苗條。他的頭很大且四肢靈活，喜歡用腳尖走路，但是如果有心要做的話，也能扎實的踩在地上行走。羅賓的跳躍能力很好，一次能跳過好幾個台階，從庭院平台一下子就能跳完十階

到達地面。如果跌倒了，他會立刻哀號流淚，但很快就能自己撫平情緒，羅賓是那種能夠含著淚水露出笑容的孩子。羅賓會作勢大喊，然後跳到大好幾歲的哥哥背上。他不膽小，卻像那些會吠叫的小狗一樣軟弱又魯莽，如果贏不了哥哥，如同勢必會發生的狀況──羅賓會覺得很受傷，還會在角落生悶氣，但是沒多久氣就消了。他會把剛剛的恥辱拋到腦後，說服哥哥陪他再玩一次。羅賓會叫哥哥當馬，他當騎馬者，不過很快就會厭倦這個遊戲，然後想出新的遊戲來代替。即使羅賓獨自一人玩遊戲，也會不斷變換玩法。他在做某件事情時，很容易因為聽到或看到別的事物而分心，並且產生新的想法。羅賓的頭和眼睛會像鳥一樣快速轉動，即使很嚴肅的跟他說話，他也無法保持專注，儘管他有世界上最強的意志力，但是只要周遭有什麼風吹草動，羅賓的心思就會被吸引過去。媽媽用「麻雀」來稱呼他，奶奶則叫他「小蜥蜴」，這兩個名字都符合他的特質。羅賓的聲音清亮，而且具有音樂天分，他是自己學會吹笛子的。他對上學充滿期待，因為在學校可以不斷學到新事物。雖然大人會用帶有貶抑和誤解之意的字眼來形容羅賓，例如難以捉摸、迷糊、不安定、不專心、忘東忘西、思緒淺薄、不認真、神經緊張等等，但他們還是很愛他，因為羅賓完完全全就是個孩子，這能贏得每個人的心，即使是那些用嚴厲字眼形容他的大人也不例外。

那麼羅賓的健康、睡眠和胃口又是如何呢？整體來說，他是個

健康的孩子，除了一些輕微的兒童疾病之外，他很少感冒，就算感冒了也很快就能痊癒。羅賓愛吃東西，但是不喜歡油膩難消化的食物。他在進食時也跟小鳥一樣少量少量的吃，不會一次吃很多把肚子填滿。他的食慾有時候很強，但是只要吃到自己想吃的東西，很快就能滿足。羅賓不會吃太飽，但是不明就裡的大人總是在派對上不斷叫他吃，導致他攝取超過自己需要的分量，把腸胃撐壞。羅賓不愛吃肉、蛋、麵食和馬鈴薯，還有巧克力。他愛吃水果，甚至在嬰兒時期他最愛吃的食物就是蘋果泥。他偏愛鹹的甚至酸的食物；他常常偷拿鹽罐，以舔食鹽粒為樂。他曾經在過 5 歲生日那天要了一根酸黃瓜來吃，而且如果大人拿檸檬汁想幫他治療喉嚨痛，羅賓會開心的大口喝下去。晚上，羅賓很快就能入睡，但是很容易醒來。他經常一大早就醒了，但是大人不允許他那麼早起，所以他會在床上輕聲唱歌給自己聽，還會隨著節奏擺動頭部、雙手和雙腳。羅賓是個和諧的小生命，到目前為止，只有爸爸很擔心這個「難以捉摸的迷糊蟲」以後要如何適應學校生活。

風向氣質的身體基礎：
生命形構力運作在血液循環與呼吸的節奏中

　　生命形構力在風向孩子身上是如何運作的呢？這些力量運作

於血液循環和呼吸的每個節奏裡，運作於心臟的跳動以及呼吸的進出之間，所以風向孩子天生具有某種搖擺性。他不願屈服往下拉的地球重力，比較像是活在空中而不是在土地上。他喜歡盪鞦韆、騎木馬、攀爬高大的樹木然後坐在樹枝上擺盪，看風向孩子在風中跳舞是件賞心悅目的事。如果大人像這樣搖來晃去，可能會有暈船的感覺，但是對風向孩子來說，沒有什麼比騎著旋轉木馬乘風而行還要快樂，他的呼吸和天性裡的節律讓他很能適應大人忍受不了的旋轉狀態。年紀較小的風向孩子也較少出現暈船現象。

　　如同呼吸是交替進行的一樣，血液循環的節律變化也影響著風向孩子。他的生活和遊戲需要有規律的變化，所以教養的首要重點，是維持穩定的日常生活節奏，這對風向孩子來說非常重要（廣義來說，所有孩子都是風向孩子，因為風向是童年時期的專屬氣質）。**風向孩子的本質就是節奏，他們的有機體需要這個元素，但是他們的節奏比大人快，因為他們的脈搏和呼吸比較快。**從這個角度來看，我們就能理解為何連氣質相反的孩子也喜歡變化，因為所有兒童都帶有一點風向氣質。不過純風向孩子特別喜愛變化、表現得也最為明顯，他們對任何事都無法保持專注，對他們而言，專注就是在吸氣，他們需要很快的呼氣才能讓自己轉向、面對外在的世界。心思容易浮動並不是他們的錯，而是他們氣質與年齡

的特性。因此，如果大人能夠包容他們眼中的缺點如浮動不定、思緒淺薄、缺乏注意力、心不在焉，教養過程就會比較順利。心不在焉是風向孩子的正常現象。

極端風向氣質所帶來的危險：
沒有人生定錨、無法與周遭人建立關係

活潑的羅賓只是跟著自己的心律走，所以耐心對待他是正確的，相信他的性情假以時日會安定下來。然而，另一個同齡孩子蘇西，她的好動現象就令人擔憂。她的例子說明了當風向氣質完全不受控制時會帶來哪些不良後果。

羅賓會開懷大笑甚至笑到在地上打滾，但是蘇西卻會笑到完全停不下來。她時常忍不住大笑或咯咯笑，而且笑聲最後會演變成同樣難以停止的尖叫聲。她會把櫃子裡的玩具任意扔在房間地板上，她不是要玩，只是想拿更多玩具出來，但是她的注意力同樣會很快轉移到其他事物上。當羅賓看到爸爸拿出德國動物學家布雷姆（Alfred Edmund Brehm）的《動物的生活》（*Animal Life*）這本舊書給他看時，他露出開心的表情。羅賓對書中的動物圖片很感興趣，還會發問，而且會興奮的翻到下一頁，在驚呼聲中迎接下一個動物。蘇西則是幾乎沒有注視圖片，只是不停的要求翻頁；

她的注意力短暫到無法問問題，而且就算真的發問，她也不會等別人回答。羅賓雖然不是情感豐富的孩子，但是他愛父母並尊重他們，而且能感受到手足之間的緊密連結。蘇西沒有可以讓人生定錨的東西，她漂浮在生命的表層，微弱得無法跟周遭的人建立關係。大人可能會擔心她長大後變成一個意志薄弱的人，因為她只能看到事物的表面、缺乏深入的了解，所以無法專注於任何事物。那麼有什麼方法可以幫助她呢？

如何幫助擁有極端風向氣質的孩子：
運用不斷變化的圖像，激發孩子的想像力

一旦蘇西能夠愛身邊的某個人，她的人生就會開始變得穩固，而這是否會發生，絕大部分取決於大人的行為，因為教養的最大關鍵就是孩子是否喜愛自己的教養者。忠於天性的風向孩子雖然會不斷更換新朋友，或者從原本依賴的這個大人，換成依賴另一個大人，但是他至少要喜愛其中一位教養者或老師；在這樣的程度下拋開自己的風向氣質，將會為他的教養或教育帶來進展。史代納博士常說，無論是自我教育或教育孩子都不要跟氣質對抗。**任何人都不該試圖去根除氣質，對天性如此的人來說這是無法承受的。氣質代表著身體與心魂之間的連結，因為它雖然受**

身體影響，卻會顯現在心理上。

因此，我們不能也不該強迫風向孩子扔掉與生俱來、存在於有機組織中的好動氣質。再次強調，關鍵在於大人能否成功讓風向氣質過多的孩子每天把注意力放在一個遊戲、一本圖畫書或某個任務上（當然，一開始時間要比較短）。孩子愈喜愛教養者，成功機會就愈大。但是在這個過程中，教養者不可剝奪孩子對多樣化和變化的偏好，因為在孩子的人生中，很多時候需要仰賴活潑而非僵化的心態。老師應該不斷讓孩子有機會去感受閃現的意念，並且消耗掉過剩的風向氣質。當風向孩子需要從事時間較長的任務時，教養者可以做點穿插安排並增添變化，即使只是想法或圖像上的一點改變，都會很有幫助。當教養者能夠藉由不斷變化的圖像來激發孩子的想像力，孩子就愈會滿足於專注在一件事情上，尤其是當他可以藉此取悅自己喜歡與尊敬的大人時。

Melancholic Child
土向孩子：憂愁的 8 歲女孩關朵琳

關朵琳過 8 歲生日那天，媽媽邀請她的玩伴來家裡喝茶，但是關朵琳不知道跑到哪裡去了，原來她躲在一個蓋著長桌巾的客廳桌

子底下，因為她不想聽見玩伴在說什麼。她從桌子底下被拉出來之後就跑到角落啜泣，而且一臉憂愁的看著其他孩子玩遊戲。等她終於說服自己加入遊戲後，她感到非常欣喜，並且用水汪汪的眼睛望著所有孩子，渴求得到認同。當玩伴要回家時，她開始難過起來。關朵琳還特地親了一個小女生的臉頰，在心中把那個小女生想成是她的好朋友，並且幻想著她擁有最可愛的特質，尤其是自己欠缺的那些特質。

關朵琳喜歡躲在陰暗封閉的地方憂愁沉思，像是沙發底下、櫃子和門之間的空隙，甚至是櫃子裡面。她喜歡爬上閣樓，然後蜷縮在屋梁角落。她也喜歡藏在庭院的樹叢裡或懸垂的冷杉樹枝底下，或者爬到樹上找個葉子最茂密、不會被人發現的樹枝靜靜坐著。雖然她對人懷有恐懼感，但是並不膽小，她所做的事出自豐富而奇特的想像力，而且帶有某種冒險性。她經常在思考，而那些想法大多以自己為中心，有時她是公主，有時她是被遺棄的可憐孤兒，有時她是英雄，有時她是無辜的受害者。她會把聽到的任何故事套用在自己身上——當她聽到灰姑娘的故事時，一定會把自己置於灰姑娘的處境裡，或者把灰姑娘的處境轉移到自己身上，感覺自己也有相同的遭遇。很多時候，她讓大人覺得難以理解，因為她從不單純把自己視為小女孩，而是會扮演大人想像不到的某個角色。她的一雙大眼睛會從水汪汪的模樣突然變得落寞暗淡，然後又沒來由的展現

愉悅的光彩，只有她自己明白其中的原因。她會把蓋住高額頭的細直頭髮幻想成飄逸金髮，而在此時，感到自豪的她會抬起時常垂下的小臉，也會挺直駝著的背。遺憾的是，這種狀況無法維持很久。

當關朵琳沒有在扮演某個角色時，她是個相當憂鬱、內心不和諧的小女孩（大人會說她情緒不穩定），好像不屬於現實世界一樣。她很敏感，有著脆弱、容易受傷的自戀心。她在別人面前總是感到局促不安、神經緊繃，而且會暗自羞愧自己出於本能的裝模作樣。她有著比同齡孩子更強烈的自我意識，而且時常擺出一副小大人的樣子。她會問一些思考性的問題，例如：為什麼我們看不見神？世界末日到來的時候會發生什麼事？永恆是多久？當親戚過世時，她會顯得很鎮靜，而且無法理解大人的悲傷：「他上天堂了，所以我們應該感到高興才對。」她表現得相當尊敬，但是似乎又有一點細微的不同，且幾乎與時代不符（就像在中世紀）。雖然她會急於得到並守住屬於她的東西（不是用大吵大鬧的方式），但是基於某種天真的克制心態，她還是能夠把自己最心愛的東西例如蘋果或糖果送給別人，尤其是當她對自己的無禮行為感到慚愧的時候，只不過事後她會暗自長嘆惋惜。

由於她的思緒被罪惡感所占據，因此她會放大自己的無禮行為。她甚至向一位她很崇拜的阿姨透露說自己寧願死掉：「現在我還小，還沒有背負很多罪過，所以也許還是可以上天堂；等到長大

以後，很多罪過會記在我頭上，應該就沒辦法上天堂了。」媽媽嘆氣說：當關朵琳愛某個人時，她會非常坦白，否則她的「嘴巴會緊緊的閉上」。表面上看來，那是因為媽媽還沒有贏得關朵琳的信任，而且沒有任何力量可以強迫她對媽媽敞開心胸，但是有一次，當關朵琳還很小的時候，她看見媽媽突然睡著，以為媽媽死了，把她嚇得半死，從此無法忘記那個可怕的時刻，這也透露了她跟媽媽之間的真實關係。

不過，她也無法忘記媽媽曾經打過她，而且對自己受到懲罰深感不平，因為她並沒有做媽媽所指控的事。除了肉體的懲罰帶給她深刻的感受，她的自尊心也受到傷害，就像中世紀的西班牙人，而且過了好幾年她才克服這種羞愧感。

正中要害的打擊會永遠印在她的腦海裡，而且她的幻想會把傷害放大、增強，直到變成無法忍受、難以承擔的沉重負荷。有個俄國小男孩曾經列出他認為自己受到的所有傷害，然後把清單藏起來很久很久，這樣或許有一天，他會在極大的愛與悔悟之中把它們一筆勾銷；關朵琳也有辦法做到。

關朵琳有個經常會招來嘮叨責罵，且與她早熟性格不符的習慣，那就是儘管已經8歲了，她依然會吸大拇指、咬頭髮、咬指甲、咬圍裙裙角、咬鉛筆和原子筆。大人會發現關朵琳蜷縮著身子、躲在沙發底下吸大拇指，彷彿想要把自己跟周圍的世界隔開。她的遊

戲經常以這個方式結束：她會一個人專心的玩，像母親般把洋娃娃照顧得無微不至，但是沒多久，她似乎就會對自己滿腦子的抽象想像感到疲憊且難以負荷，然後用上述方式給自己喘息的空間。她最喜歡蜷伏在地毯上吸吮糖果，如果可以的話躲在窗簾布的摺子裡，或者是在轉動的小音樂盒陪伴之下讀故事書。她喜歡悲傷的長篇故事，討厭令人開心的故事和笑話，但是那只是表面而已，事實上她很愛笑，而且會感激任何讓她發笑的人。開懷大笑對她來說是一種釋放，儘管她年紀還小，卻很清楚這一點，她有不可思議的自我觀察能力，不過她會毅然拒絕任何為了逗她開心所做的明顯努力，只有以機智勝過她，才能讓她高興。基本上，她不會為自己的悲傷感到抱歉。

土向氣質的身體基礎：
彷彿被地球引力下拉，沉重卻細瘦的身體

關朵琳的胃口不大，對食物有些挑剔。她喜歡糖果和甜食，而且對自己吃零嘴的習慣感到羞愧，不過儘管她試著努力戒掉這個「罪行」，至今依然不見成效。她最討厭的食物是保有動物原貌的肉，像是野兔、雞、魚等等，就算旁人再怎麼說服，她也一口都不肯碰，但是如果分辨不出來是什麼動物的肉，她通常就會

吃得津津有味（不大會引發感傷的情緒——因此大人應該避免給孩子吃保有動物原貌的肉類料理，給他們吃已經切塊的肉比較好。兒童是動物的朋友，他們喜愛動物，即使孩子沒有那麼敏感，也不宜讓他們看見自己的朋友被端上餐桌）。關朵琳也一樣，她喜歡動物，而且會蹲在兔子窩前向兔子傾訴被大人誤解的煩惱。

關朵琳有便祕問題，還好她喜歡吃熟甜的水果。雖然她身材細瘦，還有一張蒼白瘦削的小臉，卻給人一種身體很沉重的感覺。她走路時會拖著腳、彎腰駝背、頭向前傾，所以大人經常嘮叨：「可不可以把腳抬起來，把背挺直？」她很容易感到疲倦和頭痛。雖然她能夠發揮豐富的想像力幫助自己克服身體上的虛弱，但是事實上，她缺乏克服的意志力，儘管她不願意承認這一點。她的身體似乎被地球重力往下拉，而且走路時總是看著地面，很少把視線抬起來。

關朵琳無法很快入睡，因為她喜歡躺在床上幻想和編造故事。她早上經常感到疲倦、喜歡賴床，而且起床氣會持續很久。她怕冷水，最愛溫暖的感覺。雖然生病會讓她十分難受（她常常消化不良），但是只要進入恢復階段，就會希望自己不要好起來，因為她很高興能得到悉心的照料，享受大人對生病孩子所給予的關愛和關注。

關朵琳的視力不是很好，有近視傾向，而且因為她會無節制

的在床上或昏暗光線下看書，所以不用多久，她就需要配一副眼鏡。她有很好的聽力，在音樂方面很有天分，會彈鋼琴、拉小提琴，也喜歡唱歌，只是她哥哥刻薄的說：「當關朵琳很想唱出富有感情的高音時，聽起來就像在『哀號』。」在心魂與身體上，她這個孩子都是精巧的，而且需要更多的關心與愛的理解。

如何對待土向孩子：
關懷與善意的理解，但不要太刻意營造這種氛圍

土向孩子的日常生活中，必不可少的是關懷與善意的理解，但不要太刻意營造這種氛圍，因為土向孩子是小小自我主義者，喜歡成為別人關注的焦點。儘管如此，這些孩子應該時常得到溫暖，以免因為自我壓抑而變得冷酷強硬。土向孩子需要可以讓他們敞開心房的人，而要滿足這一點並不難，幾句善解的話就能贏得他們的心和信任，尤其是以逗弄打趣的方式回應，讓他們可以對自己的怪癖和難搞性格會心一笑的時候。

土向孩子的靈性與心魂需要相當多的食物，因此大人在為他們說故事或教育他們時，可以盡量選擇童話故事或傳記故事，讓他們藉由關心別人的不幸遭遇來忘記自己的憂愁。你會發現這個孩子極端的準備好去跟著做，此外，同住的大人不必太擔心在孩

子面前分享自己過去與現在悲傷難過的經驗，只要不對他們造成過於沉重的負擔就好。

　　當孩子聽大人談起親身遭遇或別人曾經遇過的承受之事時，他們的內心會得到療癒，憂愁也會減輕，這遠比鼓舞他或強迫他走出低落情緒還要有益。

　　如果覺得自己可以幫忙減輕痛苦，土向孩子很樂意幫點小忙。他們絕不會是糟糕的照顧者，而且大人應該鼓勵他們──當然，必須要在孩子能力範圍之內才行。儘管他們可能會因為個性拘束，只把目光放在自己身上且覺得別人都在注視自己，導致一開始顯得笨拙、手足無措，但是克服了這一點以後，他們就能帶著深深的歡喜心與悲痛，溫柔照顧生病的家人。

　　土向孩子需要保暖，不可以用冷水沖洗身體。晚上入睡時應該保持和諧友善的念頭與感受，早上也要帶著和善的情緒醒來。跟所有孩子一樣，他們應該避開油膩食物，天然熟成的甜水果、沙拉和新鮮蔬菜對他們很有幫助。吃點紅肉無妨，他們通常也樂於接受。他們需要多樣化以及看起來美味的食物；他們喜歡甜食，而且需要吃帶有適度甜味的食物，但是也喜歡鹹鹹的起司脆條和酸黃瓜沙拉。

　　大人必須持續不斷發揮巧思，幫助孩子維持良好的消化並從

事健康的肢體活動，不過後者應該透過優律思美（Eurythmy）[9]和音樂活動來進行，而不是體育活動。優律思美可以幫助土向孩子結合肢體動作與心魂，只要孩子克服了向別人展現本性的抗拒心理，將能帶來極大的撫慰與療癒作用。

Choleric Child
火向孩子：強悍的 10 歲女孩葛楚

　　10 歲的葛楚非常生氣，小小的身軀在顫抖，她緊握拳頭，朝著比她大兩歲的男孩揮過去。葛楚粗硬的髮梢就像猛禽的堅硬羽毛一樣豎立著，她又高又圓的額骨幾乎長出要來撞他的角。大男孩試圖防衛，但是面對咬牙切齒、揮著拳頭的葛楚，他最後還是難堪的認輸了，而在一邊旁觀的朋友，都嘲笑這位大男孩打不過一個小女生。葛楚拉起無辜成為打架起因並在街上哭泣的小弟弟，抓住他的手、拖著他離開。葛楚沒有哭，卻還是忍不住哽咽。她狠狠拭去不由自

9　優律思美是史代納博士發展出來的一門律動藝術，在本書所提的教育方法中，它是相當重要的元素，不論是教學及治療層面皆是如此。關於優律思美，請參考史代納博士的演說內容：〈優律思美是看得見的語言〉（*Eurythmy as Visible Speech*）、〈優律思美是看得見的歌〉（*Eurythmy as Visible Song*）以及〈一段關於優律思美的演講〉（*A Lecture on Eurythmy*）。

主奪眶而出的淚水，踩著比平常更用力的步伐前進，彷彿要將腳跟扎進地裡，借大地的力量來對抗這個讓弟弟成為受害者的邪惡世界。她一隻手緊握拳頭，另一隻手抓著弟弟的手腕，雖然不再啜泣，但是她低垂著頭，一雙小眼在突出的濃眉底下快速眨動，似乎正暗自集中精神、叫自己振作起來。

葛楚的弟弟妹妹知道她為什麼氣得臉紅脖子粗。媽媽在第四個孩子出生時過世——「我們家四個小孩再也看不到媽媽了。」她告訴老師這個不幸的消息，然後表情漠然的坐在座位上，聽老師用故事向班上同學解釋死亡這件事。她沒有流下一滴眼淚，也沒有嘆氣。從外表上來看，葛楚並沒有把心思放在課堂上，也沒有表現出悲傷，但是回到家後，她利用某個寧靜時刻把整個故事一字不漏的說給爸爸聽。在葬禮上，她只是面帶愁容的站在爸爸身旁、沒有哭泣，但每天她都誠摯的去教堂墓地看媽媽的墳。身為老大，葛楚覺得自己對弟弟妹妹負有責任，所以應該盡力保護他們，不讓他們受到攻擊，但有時葛楚也會橫行霸道，讓弟弟妹妹感到不好受。弟弟妹妹在遭遇危險時會向她求助，但他們多麼渴望能像以前一樣有媽媽保護著他們，並且克制葛楚的強悍作風。

葛楚知道自己要什麼，也知道要如何獲得她想要的。她第一次上學時，聽到另一個班級的老師在說話的聲音，結果她明確表示：「那是我的老師！」從那個時候起，葛楚就非常抗拒自己的班級，

對學校也一樣。她在家裡常常鬧脾氣，甚至發燒生病，最後在醫生的建議下，被轉到葛楚心目中有權利教導她的那個老師的班上。此後，葛楚變得比較冷靜、勤奮，對老師也很忠心。她有時候很難專心聽課，會手撐著下巴發呆、直視前方、沉浸在自己的思緒裡，無法把心思放在引不起她興趣的任何事物上。她喜歡英雄故事以及有膽量的故事角色，而且她在講這類故事時會不知不覺演起來。若故事裡的角色氣質適合她，她扮演出的角色性格會相當鮮明；但如果要她扮演歷史劇裡某個戲分吃重的奴隸，即使很多同伴渴望扮演那個角色，葛楚也寧願放棄，她說：「死也不演奴隸。」

　　葛楚是個早起的孩子。天一亮她就會醒來，而且活力十足。在夏天，她會安靜穿好衣服，然後去庭園整理她的狹長花壇，或是踱步構思自己的小小計畫。冬天時，她會拿好書本、圖畫紙和色鉛筆開始畫畫，直到允許起身的時間。她可以精神充沛且專注的做自己的事。學習對她來說不是一件輕鬆的事，她總是辛苦抓著握筆器，把食指向內壓，讓第一個指節跟第二個指節幾乎成直角，然後用力畫出跟火柴棒一樣粗的線條。她的畫充滿旺盛的活力，完全反映出她的強烈性格，但是比較欠缺造形上的表現。她最愛火紅色，但是如果要取悅她喜愛的人，她也能用很柔和的色彩作畫。對她來說，一切只是「要不要做」的問題而已，當葛楚相信有做的必要，就會堅持自己的想法並且實踐它。以她的年齡來說，這是非常大的自我

控制。

　　葛楚在管教弟弟妹妹時，是根據一個簡單的道德原則。如果他們做了壞事，就要毫不留情的懲罰；如果他們做了好事，就要給予難得的獎賞。至於她自己，基於強硬的性格，她會認為自己的行為理所當然，而且爸爸很難在她犯錯時要求她改變。當葛楚認為自己做錯事時，她不會低頭悔改，而是會硬著頭皮去補救。如果葛楚以愉悅幽默甚至溫柔的態度對待弟弟和同伴，他們就要開始擔心了，不曉得她哪一天會突然像火山一樣爆發。說也奇怪，自從有個去義大利旅遊的朋友向葛楚描述了維蘇威火山之後，火山爆發就成為她最愛畫的景象。因為她不是特別有繪畫天分，所以她的畫面通常會有鮮紅色的火花從錐形山丘往外噴出，搭配一些讓蔚藍天空顯得大為失色的棕色和深藍色碎塊。這同樣是火向氣質的表現。

　　葛楚的睡眠不多，幾乎不曾露出睏倦的樣子。她的胃口也不大，而且不講究食物，最棒的是，她喜歡吃自己「冒生命危險」從樹上摘下來的水果。她不喜歡糊狀食物，啃一片乾乾的黑麵包就會感到滿足。她會用牙齒咬開堅果，儘管大人不准她這樣做。葛楚不排斥甜食，但是完全不會對甜食上癮。她有時候會跑進鄰居家的果園，不是因為貪吃嘴饞，而是因為她個性莽撞，想用自己的方式來滿足自然產生的飢餓感。葛楚的臉很容易紅起來，她罹患過猩紅熱

（scarlet fever）[10]、白喉（diphtheria）[11] 等許多兒童疾病，而且會突然發燒、喉嚨發炎。

火向氣質的優勢和危險在葛楚身上相當明顯。儘管多半欠缺思考，但她會完全出於個人意志做決定，不易受人影響。小的時候，葛楚經常無緣無故發脾氣，讓父母感到驚慌失措。她發怒時會漲紅著臉大吼大叫，手腳還會猛打猛踹。雖然自從她的思考力覺醒之後，這種情況已經有所改善，但是她偶爾還是會發飆到失控的地步。在鬧完脾氣的隔天，葛楚會顯得安靜、順從，也能接受父親的指責。她可以遵守在平靜情緒下所做的決定，直到火向氣質再度占上風為止。由於個性剛強，有時候這種狀況會持續一段很長的時間。

如何對待火向孩子：
教養者必須有極大的耐心和自制力，且深入了解孩子的心

教養者在面對火向孩子時需要發揮極大的耐性和自制力，而且要深入了解孩子的心。當孩子發脾氣時，教養者很容易被激怒，甚至做出粗暴的反應，因此最重要的是冷靜旁觀，即使面臨

10　譯注：細菌性呼吸道傳染病，好發於5～15歲孩童，會出現高燒、嘔吐、頭痛，以及臉部潮紅、嘴巴周圍泛白等症狀。
11　譯注：主要影響呼吸道的急性傳染病，可能有發燒、喉嚨痛等症狀。

最糟的暴怒狀況也要避免讓自己變得煩躁或在煩躁下行動。要做到這點其實十分困難，很多老師都為這種氣質感到憂愁、無法應付這類型的孩子，儘管火向氣質在我們的年代相對較為少見。（應該說幸運還是不幸？）教養者要懂得分辨神經質的無法自控以及暴怒之間的差別；緊張是內心脆弱的表現，暴怒則是力氣的表現，即使那股力氣很混亂失控。

火向孩子應該要有機會釋放自己的力氣，並且把它用在好的一面，而不是造成傷害，讓他們砍柴、釘釘子、鋸東西、鑿石頭都可以達到效果，大人不需要太害怕孩子會受傷。當然，絕不可以為了經濟上的需求而剝削孩子的勞力，也不可強迫孩子，他們要能愉快從事這類勞動四肢的工作才行。火向孩子無法忍受待在狹小的房間，他們需要一個空間可以自由活動、在地上打滾或扭動身體。安排火向孩子做些稍微超出能力範圍的工作是有幫助的，這能讓他們明白自己必須付出努力，而且尷尬的承認自己不是原本以為的那麼萬能。透過英雄故事讓孩子產生「換成是我絕不敢這麼做」或者「換成是我應該沒辦法成功」的感覺，也可以達到平衡氣質的效果。當然，必須是孩子自己做出這種結論才行。火向孩子天生就會自己做決定，甚至在很小的時候，他們就會對協助穿衣餵食的大人喊：「我自己穿！」或：「我自己吃！」等到年齡漸長，他們會繼續保有這種不願意接受幫助的特質，並

期望自己表現出自立自強的一面。

如果教養者能在火向孩子發怒時保持冷靜，隔 24 小時之後再跟孩子討論整件事，將會獲得很好的成效。孩子在經過一晚的睡眠後，情緒會比較穩定，也會感到愧疚，此時教養者就可以平靜而嚴肅的跟孩子談談。孩子在發怒的當下是聽不進任何話的，但是只要一個人靜一靜，他們就會樂意接受任何協助。教養者不應該縱容孩子的暴怒行為，但是需要以溫柔且不帶諷刺或驕傲意味的態度幫助孩子，因為具有這些可憐「小意志」的火向孩子，其實內心很掙扎，他們會用遠遠超越自身年齡的方式與經常像脫韁野馬般難以掌控的心性搏鬥交戰。他們多希望能成為自己的主宰，但是在這個年齡，他們沒有力量來駕馭心中意志的野馬，因此會期待大人給予強而有力但充滿包容與理解的牽引。

此外，火向孩子跟土向孩子一樣，只要能夠崇拜某個大人，他們就會展現最好的一面。當他們出於對某人的喜愛而收斂自己的盛怒之氣時，會得到最佳效果。儘管如此，熾烈的心魂往往導致他們的崇拜過於極端。雖然他們能基於所有健康孩子都自然擁有的謙虛心態，試著控制自己，但是當他們不知道如何表達熱烈的崇拜之意時，就會做出令人吃驚的舉動。這種熱烈的情感，就曾讓葛楚很用力的朝著她喜愛的老師背部砸雪球，除此之外，她還能用什麼方式，讓老師知道她很崇拜她呢？葛楚不屑送花給老

師，因為她覺得那樣很幼稚也不夠有品味，換句話說，那不符合她的本性。葛楚在很小的時候曾經因為太愛媽媽而狠狠咬她，所以開始上學之後，她也喜歡用動手推打的方式，向其他孩子表達他們之間的友誼。

孩童的心魂無法忍受嘲諷，尤其是火向孩子，他們可能會受到很深的傷害，然後產生長久的敵對心態，但是他們歡迎溫和的**辯證式幽默**，因為他們樂於接受非強加於他們身上的任何建議。孩子會把它內化為一種自我認知，直到它成為道德洞見的一部分，成為他們對待自己和他人的良好依據。

Phlegmatic Child
水向孩子：溫吞的 8 歲男孩詹姆斯

詹姆斯彎腰駝背的坐在教室座位上，眼神遲滯的凝視前方。他雖然沒有在聽老師講解乘法表，但是也不是完全放空。事實上，他在想著媽媽幫他準備並放進書包裡的食物——塗著厚厚奶油和乳酪的麵包，還有一大顆紅蘋果。他看了一眼轉身寫黑板的老師，然後悄悄用胖胖的手指翻開麵包的包裝紙。這時候，窸窸窣窣的聲音傳出來，詹姆斯停下動作，假裝專心看著黑板。沒多久，老師就轉身

面對全班學生。詹姆斯意識到自己恐怕無法取出且不受干擾的享用麵包，便把目標轉向蘋果，因為蘋果沒有被包起來。詹姆斯摸索書包角落，把鉛筆盒弄出聲響，也讓老師想起他的存在（通常，詹姆斯心不在焉時都能躲過老師的注意）。老師問了詹姆斯一個對他來說似乎最困難的簡單乘法題：「七乘以八等於多少？」詹姆斯用胖胖的手臂撐起身體，慢慢站起來，他那雙鑲在圓嘟嘟紅臉頰上方的水汪汪眼睛，迷惘的看著老師。詹姆斯並不笨，他的記憶力很好，如果給他時間，他可以想起整個乘法表，甚至還能倒背如流，但是要他馬上回答一個突如其來的問題是很難辦到的，因為詹姆斯沒辦法從滿腦子都是蘋果和麵包的幻想狀態硬生生轉換到複雜的思考模式。詹姆斯回答不出老師的問題，但是老師很有耐心，要詹姆斯重背七的乘法表。詹姆斯猶豫了一會兒，然後慢慢低聲念出來。隨著逐漸熟悉乘法口訣的規律性，他背得愈來愈快，甚至不自覺超過老師要求的七乘以八的答案，直到七乘以十二才停下來。詹姆斯沒有注意到自己必須在乘法表背完之前，停在對的地方。此時，有個風向孩子大聲對全班同學說出答案，但是這個打擾的舉動被老師斥責了。詹姆斯無言的坐下，安靜待在位子上。過了一下子，他不假思索的拿出蘋果，並且垂下他那圓圓的大頭，幾乎快要碰到桌面，然後默默吃起令他垂涎的蘋果。

「詹姆斯！」老師喊他的名字。詹姆斯慢慢抬起頭，臉頰變得

比平常還要紅，「不要睡覺！」老師大聲的說。詹姆斯停了一下，然後又繼續吃他的蘋果和麵包。還沒有到下課時間，詹姆斯就已經從容的吃完最後一口。他鎮定的用溼黏油膩的雙手抹了抹褲管，然後把手伸進口袋裡找銅板。下課後，詹姆斯跟在操場旁邊賣麵包捲和巧克力的小伙子買了點心和棒棒糖，然後站在角落吃東西，同時靜靜看著喧鬧的四周。有人把詹姆斯撞倒在地，他也是慢慢站起來，看不出有受傷或生氣的樣子。只要吸吮嘴裡的棒棒糖，就能讓下一堂課變得好過些。

　　詹姆斯的家庭生活很祥和，因為那個性溫和、體態豐潤的媽媽完全能接受詹姆斯的水向特質，而詹姆斯也不曾讓媽媽覺得難帶。他很小的時候會在嬰兒車裡乖乖躺著睡覺、吸奶嘴，或是玩自己唯一的玩具──肥嫩的小手。吃飯時間總是能喚醒詹姆斯的活動力，奶瓶會讓他的圓臉露出滿足的光彩，香甜的杜蘭小麥布丁甚至會讓他高興得手舞足蹈，詹姆斯從嬰兒時期開始，就對吃和消化很投入，而且有可觀的成果。詹姆斯的媽媽有個舊觀念，認為孩子要胖胖的才健康，而要讓詹姆斯變胖並維持住一點也不難。詹姆斯很少生病，而且他的身體很容易就能充分消化媽媽為家中獨子慷慨提供的豐富營養，然後轉換成囤積的脂肪。詹姆斯能開心吃下最油膩的麵包捲配奶油抹醬和湯餃、非常甜的牛奶布丁、大份的雞蛋料理，還有很濃的可可，詹姆斯媽媽也認為這是值得高興的事。但是詹姆斯很晚

才開始學走路，如果大人把他從嬰兒車上抱到遊戲圍欄裡，他多半還是會在地毯上躺著。他在爬行方面學得很慢，只有在想要起身時，才會勉強自己搖搖晃晃的站起來並踏出步伐。大人必須在詹姆斯面前伸出他愛吃的食物，才能引誘他走路。不過他並不挑食，無論大人給什麼食物他都愛，還會討來吃。

　　詹姆斯從懂得玩耍開始就表現出薄弱的想像力。他在兩歲時收到別人送的一組諾亞方舟，現在他雖然已經 8 歲了，卻依舊只會坐在地板上把動物從方舟裡一個又一個成雙成對且整齊劃一的拿出來排好，再按照順序一個又一個放回去。詹姆斯有著近乎拘泥的規律感，每樣東西都必須放回原本的位置。他會在睡覺之前把衣服摺好，這樣一早起來，就能看見它們整齊擺放著。詹姆斯總是要求用自己的小湯匙吃東西、用自己的杯子喝東西（不過直到上學之前，他都喜歡躺在地上用奶瓶喝）。有一次，詹姆斯在親戚家過夜，發生了一場災難。他想要用自己的小尿壺，不管別人的尿壺有多漂亮、大家都好言相勸就是不行，詹姆斯寧願把力氣花在這種莫名的堅持上。最後鬧了幾個小時，他才終於向擋不住的生理需求屈服。詹姆斯只有在無法維持慣例時才有可能發脾氣，而這正是水向孩子的行為模式。對他來說，規律代表了一切──他不用看手錶就知道吃飯時間到了沒、睡覺時間到了沒。他不像其他孩子一樣難以乖乖就寢──他總是按時上床睡覺，而且睡得很久、很甜。

詹姆斯很晚才學會說話，而且有很長一段時間只用最簡單的聲音跟別人溝通。他說話的速度非常慢，字與字之間也停頓很久。他喜歡音樂，當他獨自在玩他的單調遊戲，或者盤腿坐在灑滿陽光的軟墊上神遊時，詹姆斯會輕輕唱歌給自己聽。他幾乎都唱自己熟悉的那首〈公雞喔喔啼〉（Cock a doodle doo），或是「啦啦啦」的音符，要不然就像隻在陽光下慵懶嗡嗡叫的大黃蜂一樣低聲哼吟。

　　詹姆斯喜歡身心上都得到溫暖，像他心愛的媽媽就帶給他很多溫暖。但是這種溫暖絕不能對他有所要求，因為詹姆斯避免任何精神的消耗。他會依偎在媽媽的大腿上，久久不想離去，但是他從不主動搭著媽媽的脖子抱她，也只會給媽媽那種習慣性、問安式的親吻。

　　詹姆斯一直是個可靠的孩子。他很遵守習慣，在吸收新事物方面也不例外，一旦學會某件事以後，他就會準時且精確的去執行。他總是按時餵魚和澆花，而且從 5 歲開始，就會幫媽媽跑腿，不僅買到正確的東西，還會帶著剩下的零錢回家，讓媽媽感到很滿意。詹姆斯只要聽大人經常說某個故事（他每次都要求聽相同的故事），就會記得牢牢的，不但能一字不漏的重述出來，還能完全複製大人的動作和語調。詹姆斯知道很多詩句和歌曲，而且唱歌從不走音。他喜歡坐在鋼琴前面，一個鍵一個鍵的彈著玩，速度就跟他說話一樣緩慢。只要有點耐心，大人就會承認整體聽起來還算悅耳。而有很

長一段時間，詹姆斯總是小心翼翼的避開黑鍵。

　　詹姆斯喜歡獨處，不會主動結交朋友。在其他孩子眼中，他很無趣，而在詹姆斯眼中，其他孩子很麻煩。只有一個跟他同樣是水向孩子的小女孩願意坐在他身邊，有時候會連續數小時之久。而他們遊戲與交談的方式，就像兩個一起穿越樹林的農夫在對話──兩個人並肩走了一小時後，一人喃喃的說：「今天天氣真好。」又過了一小時，另一人回答：「而且很暖和。」

　　詹姆斯 7 歲準備入學時，媽媽一點也不擔憂，這讓親友都感到很訝異（媽媽從不懷疑兒子的能力，為什麼要擔憂呢）。詹姆斯不排斥寫字，反而帶著歡喜的心情一次又一次的練習寫字母與數字，如果可以，甚至能把整個黑板都寫滿。詹姆斯的字跡清楚、結構完整，但是還很稚氣。幸好詹姆斯的老師有敏銳的觀察力和沉著的性格，不但沒有打擊他，還馬上就察覺到──只要給一點時間，詹姆斯應該能完成任何事。這位老師更認為，在孩子入學的頭幾年，課程進度應該慢一點，以便讓孩子得到充分的練習，而練習正是詹姆斯喜歡的事。因此詹姆斯總是能盡情作畫、有條不紊的下筆。他運用細膩的色感以及水彩的流動元素來創作，色塊表面乾淨優美，不帶一絲思考的痕跡。雖然他吸收及學習事物的速度很慢，但是只要掌握訣竅，就會持續不斷做下去，尤其是當他需要學習的內容具有某種規律性，甚至幾乎可以唱誦出來的時候。

詹姆斯欠缺敏捷思考或立即反應的能力，因此到了高中階段可能會遇到困難，因為高中課程仰賴的是靈活思考與邏輯能力，而不是穩固的記憶和反覆練習。此外，如果詹姆斯發現自己跟不上進度，他可能會變得意志消沉並且屈服於身體的有機過程，那麼他的靈性便無法充分掌握這些有機過程，在極端情況下，可能會出現愚蠢的行為。

水向氣質的身體基礎：
就像被淹沒在滋養並維持有機體的汁液裡

如果說風向孩子隨著呼吸節律而搖擺，土向孩子難以抵抗地球引力而顯得負擔沉重，火向孩子總是憑著滿腔熱血在行動，那麼水向孩子就像被淹沒在滋養並維持有機體的汁液裡，向水向元素徹底屈服。消化食物的過程會不知不覺帶給他們一種享受感，就像那些在草地上咀嚼反芻物的安詳乳牛，每天生活在進食與產奶的過程中。強大而崇高的生命形構力用水向元素塑造出人體，如果水向孩子睡眼惺忪的吃早餐，能夠明白自己在這個過程中感受到什麼，那麼他們就會察覺宇宙的強大力量。沒有人能像水向孩子一樣不自覺的跟大自然如此接近，而且跟身體營養過程相關的一切都能健全的運作。因此，水向孩子有很好的記憶力，他們

可以透過認真反覆練習取得各種能力，他們的音樂與繪畫技能是體內創造力的一種外在延續，而非來自個體意志。

如何對待水向孩子：
必須將他們的生理舒適程度控制在適當範圍內

　　人們經常對水向孩子存有偏見。很多父母都不喜歡聽到醫生或老師說他們的孩子具有水向氣質，而這純粹是一種偏見。跟其他氣質的孩子遇到的情況一樣，唯一有危險且需要矯正的，是人們的片面看法和過度強調這些特質。土向孩子喜歡被人視為天才，但是他們的自我主義、自我中心和憂鬱傾向就跟水向孩子冷淡、缺乏活力和愛吃的特質同樣都是禍首。另一方面，和諧的水向氣質則能為最美的人類特質奠定基礎。只要能克服偏見或藉由正確的教育方式來平衡氣質，水向孩子就會展現無比的忠實、可靠、堅毅、真誠、守紀及盡責，而且能沉著冷靜的面對人生中的風暴。

　　在教養水向孩子時，最重要的是運用「聰明的身體教育」，將他們的生理舒適程度控制在適當範圍內。比方說，放任水向孩子愛睡就睡並非好事，因為他們可能會睡得過多。在某些情況下，最好不要讓水向孩子太早上床睡覺，也不要讓他們有長時間

的午睡（可能的話，完全不要午睡），到了早晨要叫醒他們，而不是等他們自己醒來。叫醒他們之後，不要讓他們繼續小睡或半睡半醒的賴在溫暖的床上不起來。水向孩子可以不必穿得太暖，而且可以在早晨用冷水盥洗（土向孩子則要避免）。他們能夠承受輕微的刺激，但是這種教育方式不可用在其他氣質：早上起床後用冷水洗頭，以便保持清醒；早餐時間則要避免盡情大吃，因為如果他們用可可、麥片粥、麵包、奶油或蛋填飽肚子，到了學校就會舒服的坐著讓食物消化，不想進行那些會打擾這種愉悅感的思考活動。他們在上學前應該只吃輕食，而且分量盡可能少一點，這絕不會讓他們餓肚子。水果、蔬菜、沙拉能提供他們所需的營養，澱粉類食物和布丁則不適合他們，建議用黑麥麵包取代白麵包和蛋糕。他們應該攝取含有適度鹽分的食物，不能吃太多甜食，尤其是可以長時間含在口中的糖果，以免戒不掉愛吃糖的習慣。大人應該盡可能的利用合理的飲食方式來避免水向孩子發胖，如果能讓他們的體重保持在適中狀態，那麼對他們的身體及靈性力量發展，將會有很大的幫助。

　　水向孩子不應該總是一個人玩，其他人要偶爾陪他們玩，這會促使他們加快遊戲步調，並且鼓動他們的心魂，跟外在世界交融在一起。如果看到水向孩子在玩遊戲或寫功課時打瞌睡或發呆，可以大聲叫喚他們或者用突然發出的聲響吵醒他們，這種驚

擾不會傷害他們，反而能幫助他們拉回自己的意識。水向孩子特別能在這種「被喚醒」的時刻領悟某個事情，常見的情況是：你用極大的耐心對昏昏欲睡的孩子反覆解釋一件事，他們注視著你、對你點頭，卻完全沒有把話聽進去，你提出問題，他們的腦袋卻一片空白；最後你終於失去耐性，生氣的拍桌子，對他們大聲說話，忽然間，他們的眼睛為之一亮，腦中浮現答案，完全明白了你在說什麼。當然，我們不是要鼓勵老師做出失控行為，只是想指出「水向孩子需要偶爾被喚醒」的事實，而且這種能刻意引發的過程並不會對他們造成傷害，反之對風向、土向或火向孩子則會帶來嚴重的後果。沒有一種教養方式可以適用於所有人，我們唯一要做的，是按照個別狀況來試驗。由於小孩子是隨著天生氣質而成長，不是由自我人格所主導，因此大人必須依據孩子的氣質來個別處理。

老師在面對性情隨和的水向孩子時，絕不能過度表露自己的關愛與同情，因為水向孩子只會將這種愛護視為理所當然。但是即使故作冷漠，老師在內心卻會更同情水向孩子。老師的冷漠可以促使孩子激起克服懶散習性的意志，尤其當老師深受孩子喜愛的時候。孩子應該學習去愛，這對他們來說確實極為重要。愛是促使孩子從有機體生命進入心魂生命最可靠的途徑，強烈的情感還能喚醒孩子的靈性，使它穿透層層脂肪，掌握並轉化捉摸不定

的靈性生命，然後賦予形狀和骨幹。當水向孩子能夠體悟心魂上的溫暖，就會用最美的方式去愛。他們不會像風向孩子那樣若即若離，不會像土向孩子那樣病態的愛慕，不會像火向孩子那樣具有暴力攻擊性，而是會展現一種持久且穩定的忠誠與依附。他們還能敞開心胸，連帶去喜愛對方感興趣的事物，這是多麼大的收穫！這代表他們勢必得接受外界對自己帶來的影響，並且把關注範圍從自身擴展到周遭的一切。當他們對老師產生依附感時，這種現象就會以適合他們年齡的方式發生。漸漸的，孩子的眼界會寬廣起來，清醒的心智也會顯現並開始運作，不再顯得乏味冷漠，並且會對外在世界發展出真實的觀察力與寧靜透徹的感受力。這將為他們的人生帶來最美好豐碩的成果。

　　水向孩子很容易在小時候就展現藝術天分。這種天分出自他們的有機體而非自我意識，所以當他們的意識開始覺醒、創造性的有機力量撤退到某種程度之後，這種天分就會消失。但是如果透過一再的嘗試，讓他們的意識深入夢幻般的創作裡，就能幫助他們跨越這道鴻溝。比方說，**不要讓他們像沉浸在夢裡那樣盡情塗色或吟唱，而要賦予一些小任務，限定他們去思考並更有意識的創作**。只要讓意識逐漸深入藝術能力當中，便能成功保存這些能力，讓它們繼續成為興趣的泉源。對水向氣質的孩子還有大人來說，教育和自我教育始終是為了喚醒及培養興趣，然後運用於

各個人生領域。任何過剩的水向氣質都可藉由正確的冷淡對待，在許多日常瑣事裡被消耗掉。

覺察孩子的心魂走向，從理解的心態施予教育

人類的本性極為複雜。前世與來世在今生交會。前世的生命流顯現於所有既成和有限的事物、擁有形態和明確形狀的事物，以及「被賦予」的事物中。未來的生命流則主導了跟生長與形成有關的過程、在人所觀察到後面隱藏的種子中，會帶來改變。氣質主要是一種被賦予的特性，是心魂生命在肉體生命基礎上所採取的一種形式。水向孩子的身體看起來圓潤且尚未成形，如同他們的心魂生命尚未成形一樣；火向孩子的前額寬廣堅硬，擁有明確且堅定的意志；土向孩子高而蒼白的前額、經常彎駝的細瘦體型和拖曳的腳步，是內在生命承受重擔的外在跡象，正如風向孩子勻稱的身材和輕盈步伐源於他們愉快、多變的特質。如果大人能察覺孩子的心魂走向，了解他們如何依循出生之前[12]的成因，來接受某種遺傳及生命形式，以便從特定立場去體驗世界，那麼

12　英文版譯注：受孕及分娩之前。請參閱本書第24頁。

就能以理解的心態施予教育，而且一切都取決於是否具備這種理解。

　　然而，生命並非如此簡單，我們無法立刻將每個孩子歸類到這四種氣質的某一種上之中或分類到某種特殊類型，而這也不是研究氣質的目的，它是為了鼓勵老師不時更新自己對學生的指認，不時追溯生命形構力如何將孩子塑造成現在的模樣。**老師應該不斷觀察孩子，從各個面向去思考，並且勤於加深自己對成長法則的認識。**我們建議所有的教養者在晚上入睡之前回想一下孩子的樣貌，思忖每個小細節——他們的腳步如何提起與放下、身體的動作與舉起手的樣子、如何哭、如何笑等等，讓自己沉浸在這些影像裡。但是，不要去分解它讓自己困擾，而要深深接納它真實的樣子，不執著於自己所期望的樣子。到了適當的時候，孩子在教養者心魂中的樣貌，會自己說出它想要成為什麼。孩子的天分與更高層次的自我，會愈來愈清楚的告訴教養者該如何培育他們、如何發揮他們的潛能，並且讓教養者明白他們本身就擁有最棒的能力。這不是教養者構思出來的結果，而是一個事實。當老師經常如實與重複的進行這種內在觀察，最美妙的影響就會顯現在學生身上，即使是最難應付的孩子，也能被這種隱藏在老師內心裡的活動給轉化。老師的內在對孩子的真實本質產生覺知，就能在孩子身上發揮療癒的效果。

另一個能發揮療癒效果的情況，是與某個孩子或者另外一些與孩子相關的兩、三位大人們經常互相討論，並且根據這種深入的認知達成共識。孩子的完整樣貌或許會透過這種討論開始浮現，包括孩子跟父母之間的命運關係，或者孩子跟不同老師之間的不同關係。在討論過程中，有人或許會看到另一人看不到的面向，而且當浮現成形的樣貌愈清楚、愈多樣，對孩子發揮的作用就愈大。有個驚人的事實已經在實際經驗中一再得到驗證：如果有個華德福學生在班上變得很難應付、拒絕接受任何教化，然後如果所有教導他的老師能一同商討，其他沒有直接關係的老師也跟著配合，經由透徹的多方討論，讓孩子的真實樣貌顯現出來，那個棘手狀況不到幾天就會改善，這幾乎是必定會發生的事，因為這種討論會產生健康的結果。如果老師還能視狀況採取某些必要措施，通常就會得到最好的成效。另一方面，如果事後停止了這種關心與同情，很可能就會功虧一簣。這種關心不應該出自理性分析，而應該出自祈禱的心境，像在創造藝術作品時所懷抱的心情。

　　這種對孩子本性的深刻認知，還能讓人明白氣質的複雜性。**孩子的氣質很少會像前面那四個孩子的狀況一樣單純，很多時候，我們必須處理錯綜複雜的氣質傾向。**不僅如此，風向氣質是兒童期很常見的類型，它會透過其他氣質展現出來，造成其他氣

質帶有風向的色彩。例如土向孩子有時候也能像風向孩子一樣天真快樂的嬉戲，雖然這種狀況並不常見。很多孩子的氣質是風向與火向的組合或風向與水向的組合，尤其後者更為常見，而在這種情況裡，風向元素可能會壓過水向元素，或者可能反過來。

風向氣質會影響其他氣質，讓它們變得比較溫馴、自然，也比較容易控制。另一方面，當土向氣質跟火向或水向氣質混合在一起，就會變得非常棘手，為孩子及教養者都帶來沉重的負擔。

在華德福學校裡，有個名叫阿里的土耳其男孩就證明其具有土向和火向的氣質：

阿里經常鬱悶的坐在位子上，對任何事物都不感興趣也不想參與，老師幾乎快要對他感到絕望。後來有一天，老師帶著全班到森林裡散步，沒想到阿里就像變了個人似的，突然顯露一種黑暗的火向氣質。他氣沖沖的撲到同學身上，還像猴子那樣爬上高大的冷杉，然後坐在最高的樹枝上一邊喊叫一邊擺盪。他表現出小野獸對大自然所懷抱的一種深刻歸屬感，而不是對觀察大自然現象產生興趣。儘管如此，能在如此沉默寡言的孩子身上發現任何一絲活力都是值得安慰的事，而且老師接下來就可以掌握這個特質，並且予以適當的教導。

水向孩子特別容易讓人誤判。他們顯露水向氣質，純粹是因為課程或其他指導內容無法吸引他們，所以索性繼續當個旁觀者。但是只要遇到能全心全意回應的事情，例如某個遊戲或者班級表演節目裡某個適合自己扮演的角色，他們就會變得活潑有生氣，完全知道自己要什麼以及如何去做。史代納博士將這些表面上呈現水向氣質的孩子稱為「沉睡中的火向孩子」。只要他們無法自己設定目標，就會提不起勁去參與，以至於看起來總是心不在焉。但是如果他們靠自己找到值得努力的目標，就會像一座休眠很久又突然爆發的火山，瞬間變得活躍起來。有些土向孩子會長期忍受同伴的嘲笑捉弄，變得愈來愈沉默沮喪，直到有一天，他們終於猛烈爆發，表現出最意想不到的火向氣質。

　　另一方面，向來開朗浮動的風向孩子可能會突然變得冷漠、失去光彩，幾乎陷入悲傷。這通常不是他自己的性格或氣質所造成的，比較可能是外部因素所導致，例如：父母感情不睦或出現裂痕，通常會讓無憂無慮的童年變得痛苦悲哀，或是罹患疾病。如果將這樣明顯憂鬱的孩子帶離父母爭吵或感情不睦所造成的痛苦狀況，就能讓孩子在短時間內再度展現活潑的風向氣質。這也會發生在例如換個環境帶他去鄉下玩，也會成功協助這樣明顯憂鬱的孩子維持身體健康。

　　因此，我們幾乎不能滿足於認識孩子的第一印象，我們需要

認識得更深入，才能了解孩子的真實本質——深入孩子內在的身心生活，還有他們賴以為生的外在環境。同樣，這不能依賴理性分析，而是要運用先前提到的方式，也就是「在內心重塑孩子的真實樣貌」。老師應該讓孩子的影像停駐在自己的內心深處，藉以理解人與神聖創造力之間的連結。

心魂生命的起點：
生命形構力逐漸從塑造身體轉而進入心魂生命

　　神聖無形的藝術家會在孩子的體質還很柔軟時塑造器官、建構身體，掌握流動的生命並賦予形狀。但是隨著身體發育，固化過程就會開始發揮作用。出生不僅代表從天堂亡逝——如同德國詩人諾瓦利斯（Novalis）曾說的：「每個在此處降臨的生命都是一個在彼處逝去的生命。」也代表塵世死亡的開始。**死亡不是發生在生命盡頭的獨特事件，它是一個與人終生相伴的過程，直到靈魂最後離開身體才結束。**

　　因此我們可以觀察體內物質如何開始跟生命流分離，並且像雕塑家使用的黏土一樣逐漸變硬。顱骨縫隙閉合，原本柔軟的骨質也變硬。當骨骼充分硬化，孩子就能靠骨架站立和行走，骨架

也將成為孩子在大地上立足與成年的支柱。孩子的第一副牙開始出現：這個小小創造物的堅硬度及雕塑度不如第二副牙，但也強壯得足以用來啃咬和咀嚼。成形、塑造、建構和硬化的過程到處都在發揮作用。這讓人產生了一種深刻的信念，那就是神聖藝術家在兒童生長過程中所進行的創作是值得尊敬的，而且所有在孩子的環境裡發生的一切都要與之調和。隨著骨骼變硬、暫時性的構造留給成長的力量，生命形構力會退出塑造身體的過程。它們會終止某個階段的活動，但是不會因此消失，而是轉變。它們將活躍於孩子逐漸覺醒的心魂生命裡，並且表現在玩耍過程中。

兒童期的遊戲與玩具，如何影響孩子的成長

遊戲是孩子學會靈活運用肢體的重要過程

我們可以在自然界裡觀察到生命形構力如何從特定的有機體，延伸到外在環境。蜜蜂按照賦予身體搖擺特性的同一套形構法則來建造蜂巢，而且巢室就跟複眼一樣以六邊形作為基本結構；鳥兒築巢和海狸築壩的本能也是源自形塑身體的力量。自然界充沛的形構力令人一再驚歎，我們驚奇的目睹創造力在生物身

上形成這些構造以及與之相關的一切。這種創造力不僅展現在最細緻的葉片結構裡，也展現在最強壯的動物身體裡。

讓我們觀察遊戲中的孩子。**從某方面來看，遊戲是力量的流動和表現，它也允許創造性的內在動力去尋找外在的活動。**小寶寶對空踢著小腳，同時注視著自己的動作；他移動小手，眼睛也隨之轉動；他搖晃手搖鈴，然後把它丟出嬰兒床；他最大的樂趣，就是把床上的所有東西扔出去，這種發展力氣的過程令他快樂。等他學會走路而且能隨意擺動小手和胳臂時，他就會對各式各樣的活動躍躍欲試。是的，走路本身就是遊戲。這個剛擁有力量能夠站立並自由擺動四肢的小傢伙，會帶著滿足感和自覺意識在房子裡走來走去，如果沒有其他適合的地方，則會在樓梯、通道或庭園小徑上來回活動（大城市的街道最不適合進行這種遊戲）。能夠不受人阻礙、按照自己的方式控制四肢活動的孩子是快樂的，他們的健全本能非常清楚做什麼動作能讓自己獲得技巧和健康的力量（除非被大人搞砸，例如進行所謂的嬰兒體操）。每個動作都會繼續深入體內，有架構的完成它的程序。所有人，尤其是教養者，都應該坦然承認自己對這些過程知之甚微，而且對孩子的干預要愈少愈好。

兒童的動作具有無限的多樣性，沒有什麼比不經意觀察他們還要有趣。這會兒一個孩子穿著結實的鞋子發出震耳欲聾的腳步

聲（但願大人對於讓孩子更健康成長一點都不緊張）；那會兒一個孩子踮起腳尖走路，幾乎是輕飄飄的。然後，還有個孩子魯莽的衝向屋內某個物體，結果摔倒在沙發、扶手椅上，或者被大人及時抱住。孩子用雙腳往上跳、往前跳、舞蹈、在地上爬、扭動身體，還會靈活運用他的胳臂、手和手指。他的手有節奏的鼓掌，手臂像小鳥振翅飛翔一樣上下揮動，在孩子試著跨過地上的縫隙、倒伏的樹幹，或走過梁木時幫助他保持平衡。手指也有屬於自己的動作遊戲，可以一遍又一遍的重複玩。攀爬是孩子最早嘗試的技巧之一，如果父母從一開始就下定決心不著急，把孩子愛玩特技的冒險性格與鋌而走險的行為留給他的守護天使，那會是很棒的事。只要長期觀察像這樣被賦予自由空間的孩子，都會清楚知道守護天使不是傳說而已，祖先的智慧和清晰的眼睛確實注意到一個最令人欣慰的事實。**教養者能防止孩子蠻幹，但不是靠一再搬出禁令，那只會阻礙渴望靈活運動的手腳和整個身體，同時也妨礙心魂發展。**

對幼兒來說，光是活動四肢就足以成為遊戲，他們可以藉此愉快的展現自己的力量。每個孩子的狀況依氣質傾向而有所不同，我們在此討論的對象是健康的孩子。如果面對的是情緒脆弱、緊張或者有肢體障礙的孩子，可以把動作元素帶進遊戲中，例如在玩遊戲時無預警的讓孩子從座位、台階或門階上跳進大人

張開的雙臂裡，或者玩一些運用腿部、腳部和腳趾動作或者手臂、手部和手指動作的童謠遊戲，鼓勵這些天生的模仿者跟著大人做同樣的動作。

幼兒藉由肢體動作展現自己的力量並獲得樂趣的過程中，「想像」頂多只扮演一小部分的角色而已。有個身體健壯的火向小女孩，早在她兩歲時就會興致勃勃的「作畫」[13]。她會弓著身體坐在地板上，用力握著色鉛筆（甚至兩手都握著）在紙上繞螺旋圈或上下移動，以活力充沛的誇張動作完成創作。這個所謂的「塗鴉」階段，是孩子活力的印記，而且會把思考摒除在純粹的創作喜悅之外。大人也不應該太早要求孩子解釋他們的行為所代表的意義，否則得到的答案可能會跟某位知名女作家問一群孩子在森林漫步時唱的歌有何意義時所得到的答案一樣。那群孩子從頭到尾一直反覆唱著自己創作的歌：

「嘰哩咕嚕嘰

小小的小東西

動來動去真有趣

13　參閱漢斯．史特勞斯（Hans Strauß）的文章〈幼兒透過創造力展現自我〉（Die Gestaltungskräfte des Kleinkindes als Offenbarer seines Wesens），刊於《教育的藝術》（Erziehungskunst）第六卷第四期。

真想把牠們抓回去！

跟著鳥兒飛啊飛，

躺在雲上玩遊戲，

隨著魚兒游啊游，

誰能把牠們抓回去？」

　　女作家問孩子們：「你們在唱什麼？這首歌在講什麼？」孩子們看著她，忍不住笑了出來，其中一個小男生從容不迫的回答：「為什麼這首歌一定要講什麼呢？」[14]

　　經過一些時間，幼兒才會漸漸把概念帶進遊戲中。例如：他們大力踩地板一開始是因為覺得好玩，後來踩出了節奏感，於是小男孩就假裝自己是阿兵哥正踏步走，為遊戲增添角色扮演的樂趣；搖擺木馬不是立刻被當成真正的馬匹，孩子只是單純享受騎

14　原文出自瑪莉・馮・艾布納－艾森巴赫（Marie von Ebner-Eschenbach）的著作《來自永恆的日記》（*Aus einem zeitlosen Tagebuch*）：

Zirlipinzigen

Die kleinwinzigen

Zitteraalig netten

Wenn wir sie nur hätten!

Mit den Vögeln fliegen sie,

Auf den Wolken liegen sie,

Schwimmen mit den Fischen,

Wer wird sie erwischen?

乘時上下搖擺的韻律所帶來的興奮與愉悅感，就像無意識呼吸一樣令人深深滿足，至於把自己當成英勇騎士的絕妙想法，則要在後來才會出現；熊一開始不是被看成普遍受人喜愛的狩獵目標，而是某種可以騎乘駕馭的東西，把熊視為「動物」、把自己當成帶槍追捕的獵人，都是後來才會產生的概念。幼兒把積木堆得高高的只是為了把它們重新推倒，對他們來說，那比蓋一棟房子或一座塔還要重要。堆高積木與推倒積木就像健康的身體分解與合成的代謝過程一樣，能為他們帶來滿足感。**幼兒時期最早進行的遊戲都跟身體有關，它們會與體內的有機活動交互影響，包括規律的呼吸與血液循環，以及物質的形成與排泄。**因此，對幼兒來說，會動的玩具不僅有趣，也有益健康。任何陪伴幼兒看圖畫書的人都知道，翻頁動作就跟欣賞圖畫一樣重要，因此可動書、拉拉書是唯一真正有益幼兒健康的。在這些書本裡，圖片的變化來自孩子自己的操作，例如拉動某條線或某個紙片。雖然由於這類圖畫書不易製作，在我們這個年代幾乎快要從書店裡消失，但我們還是能找到一些小時候喜歡閱讀這類書籍的長輩[15]。

幼兒從何時開始覺得自己的肢體動作不再是表達力量而是想

---

15 在我們這個年代，這類可動圖畫書已經由希爾德‧蘭根（Hilde Langen）在德國斯圖加特華德福學校的鼓勵之下重新引進，並且可在史代納書店買到。

像遊戲中刻意進行的活動，會依個別情況有所差異，但是通常到了 3 歲，教養者就能明顯觀察出來。

幼兒會在遊戲過程中模仿大人的動作和行為，但是這種模仿充滿想像力和藝術感，而正常且健康的孩子絕不會一味的模仿，他們會保有在這個年齡所需要的自由。

幼兒的遊戲沒有實用目的，但是（當遊戲不單純是展現內在力量時）他們會沉浸在想像的目標裡。在日常生活中，那些讓孩子藉由模仿來學會母語的大人會提供許多概念，孩子也會為了自我認知去學習那些概念和用語，然後運用在遊戲當中，像個小霸王一樣統治自己的想像王國。這股想像力也會把缺乏邏輯關聯且與日常生活矛盾的影像結合起來，在幼兒的夢裡發揮影響作用。通常，幼兒無法確定某件事物是自己夢見、實際感受到、還是用想像出來的，因此玩遊戲時經常像置身在一個生動而清醒的夢裡。

某年聖誕節玩遊戲時，有個小女孩想像嬰孩基督、瑪利亞、約瑟、天使和牧羊人一起來看她。儘管她眼前只有一張擺著可愛小瓷器的娃娃桌還有幾張空盪盪的娃娃椅，小女孩卻一點也不懷疑聖家庭的存在，而且還會服侍祂們，輕柔恭敬的對祂們說話，甚至在別人吵吵鬧鬧的進入房間裡時，驚訝的豎起食指抵住嘴巴，做出噤聲的手勢。這個小女孩也曾經在參加完基督教葬禮之後，把自家客廳的沙發變成墓塚，用窗台上的花瓶裝飾並且拿水

罐澆花 [16]。

　　每個人都知道幼兒可以靠想像力把凳子變成車子、把木塊變成玩偶等等，童年傳記和每個人的觀察和回憶都說明了這一點，但是教養者不見得會自問：「那些力量究竟為何而生、如何發揮作用、該如何培養以及會發生什麼改變？」他們不見得能明白那

16　英文版譯注：另請參閱華茲華斯（William Wordsworth）的著作《永生的信息》（*Ode on Intimations of Immortality from Recollections of Early Childhood*）。

瞧這個孩子洋溢著新生的喜悅，（Behold the Child among his new-born blisses,）
這個6歲的可愛小不點！（A six years' darling of a pigmy size!）
看，他置身在親手做的作品中，（See, Where' mid work of his own hand he lies,）
母親的狂吻令他不安，（Fretted by sallies of his mother's kisses,）
父親的目光朝他直閃！（With light upon him from his father's eyes!）
看，在他腳邊有個小圖，（See, at his feet, some little plan or chart,）
那個片段來自他夢想的人生，（Some fragment from his dream of human life,）
是他用新學的技藝描繪而成；（Shaped by himself with newly-learned art;）
一場婚禮或慶典，（A wedding or a festival,）
一個葬禮或悼念；（A mourning or a funeral;）
這些在他心中縈繞著，（And this hath now his heart,）
他以此編出自己的歌：（And unto this he frames his song:）
然後他會學著談論（Then will he fit his tongue）
事業、愛情或爭鬥；（To dialogues of business, love, or strife;）
但過不了多久（But it will not be long）
他就會拋諸腦後，（Ere this be thrown aside,）
懷著新的喜悅與自豪（And with new joy and pride）
這個小演員會熟稔另一個角色；（The Little actor cons another part;）
偶爾在「反覆無常的舞台」上扮演（Filling from time to time his "humorous stage"）
各色人物，直到老態龍鍾，（With all the Persons, down to palsied Age,）
那些皆是生命女神帶來的臣僕；（That life brings with her in her equipage;）
彷彿他畢生的使命（As if his whole vocation）
就是無止境的模仿。（Were endless imitation.）

些力量最早源自生命形構力，而生命形構力在發展的過程中，從孩子體內釋放出來之後會變成孩子概念生活的圖像。他們不見得能察覺孩子連結身心的獨特本質。

大自然遊戲的感官體驗，會逐漸喚醒孩子的心魂

　　兒童在大自然裡不會只當個訪客或旁觀者。托爾斯泰在回憶他最早期的童年時，唯一記得的是育兒室以及在那裡的經歷，而不是太陽、花朵或花園，儘管他從小在鄉下長大。「直到 5 歲，我才對大自然有印象。我只記得在我的小床或房間裡發生的事……雖然一定有人讓我玩過花朵、葉子，也一定有人幫我遮過太陽，但我在 5、6 歲以前卻對所謂的大自然沒有絲毫記憶……我自己就是大自然。」

　　兒童不在乎眼前的美麗風景。**對他們來說，樹木不是欣賞用的，而是要攀著樹枝爬到高高的地方，大膽的靠在樹幹上輕輕搖擺甚至進入夢想世界，在那裡待上好一段時間。**森林裡有很棒的事可以做，例如把拖過來的樹枝插在地上，然後用大片青苔或草皮當作屋頂，汗流浹背的蓋出一間青苔小屋。在這個陰涼的小屋裡，即使最狂野的小孩也能靜靜坐著沉思許久。到了秋天，把馬

栗從樹上打落之後，不但可以用來玩康克遊戲 [17]、丟擲或雕刻，享受各種樂趣，還能透過它光滑發亮的棕色種皮和味道苦澀的種子得到不同的感官經驗，這是兒童找不到方式表達甚至沒有意識到的部分，也沒有人會想要用這種方式描述自己的感受或者記錄在思想裡。另一方面，他們會微微感受到感官印象經由某種方式形成一種溫柔的內在想像，這些想像會透過喜悅感的溫暖或厭惡感的寒冷來逐漸喚醒心魂，並與之交織在一起。這種始終存在的感覺不是溫柔就是暴力，是一種轉向內在並且對意識發揮創造作用的「情感意志」（feeling-willing）。兒童感受到的不是被動或毫無意義的感覺，而是一股將接收感官經驗和身體型構力連結起來的主動力量，因此我們絕不能用無所謂的心態看待發生在兒童周遭的事以及他們察覺到的事。為了不論好或壞的未來，所有的一切——就連大人的情緒和衝動意念也不例外——都會被在孩子身上起作用的創造性力量吸收。

兒童的感受雖然朦朧夢幻，卻相當全面。大人有時候會到美麗的鄉間放鬆身心，摒除所有思緒，沐浴在蔚藍天空、青綠草地和蟲鳴鳥叫所帶來朦朧但強烈的感受裡。在這種時刻，他們感覺

17　譯注：英國傳統遊戲，兩個玩家用馬栗互相敲擊，手上的馬栗先碎裂者就輸了。

自己與周遭環境融為一體，彷彿以藍天為衣、以陽光作裳、存在於所有的生命當中。他們感到精神振奮、心曠神怡，並且體驗到大自然的生命賜予力和創造力。兒童的生命則始終跟這些力量交織在一起，大人看來奇特的事物在兒童的世界裡都是自然的現象。兒童不太關心既成和有限的鮮明輪廓，而是夢幻般的活在創造性的生命力當中。兒童對一顆櫻桃的感受會完美囊括所有面向——亮紅的色澤、光滑溫暖的觸感、帶酸的甜味、圓鼓鼓的形狀，近似樹脂味的香氣；不僅如此，某種難以言喻的神祕東西會讓他們的心充滿幸福感，就像瞥見神聖的創造力在這個造物裡運作，讓它在開完纖柔的白花之後結出纍纍的果實。

由於兒童是以這個方式來感受，因此他們什麼東西都能玩，尤其是自然界裡的各種物質，無論是沙子、石頭、木頭、種子、果實、葉子、花朵、樹皮、青苔、扭曲的樹根，都能立刻吸引他們並且激發想像力。然後，在自然物質裡運作的形構力將會在兒童身上發揮作用並與之合一。

簡單、原始、數量不多的遊戲，
能讓孩子充分運用塑造、改造與想像能力

玩具可以為孩子的身心發展帶來好處，也可能造成危害。如

果它們簡單、原始、數量不太多，或者能讓孩子充分運用到塑造能力、改造能力、以自己的想像力完成事物的能力，那麼就能輔助形構力的運作。形構力會自己從身體釋放出來然後主宰想像，而孩子必須能夠展現那些力量，否則它們就會逐漸鬱積，然後回過頭來壓迫並困擾孩子。這可能會透過調皮搗蛋、脾氣暴躁或身體微恙表現出來，但最重要的是，它會擾亂孩子的體質和未來的健康。史代納博士毫不猶豫的用「內在苛責」（inward castigation）一詞來說明孩子想像力的鬱積。內在苛責不僅會傷害孩子，甚至比外在苛責更會傷害他們的未來。史代納博士也舉例，一個製作完美的洋娃娃雖然有真正的頭髮、會開闔的眼睛等等，但它會讓洋娃娃的「媽媽」沒有空間可以加入自己的想像。反之，一個用墨水畫出眼睛、鼻子、嘴巴的破布偶卻能喚醒最深的情感，因為這個布偶需要用到所有的想像。人們或許認為這是個異端說法，但是讓孩子使用任何沙子或黏土建造橋、拱門、塔、隧道（然後再次弄倒它們），都比使用精準切割成標準立方體的堅硬積木要好一千倍。某個幼稚園曾經做過一個實驗：老師準備了一盒積木、一盒黏土，當然還有一堆沙子，供孩子自由使用，結果沒有人去碰積木，因為黏土和沙子給了他們更多的創作樂趣。當然他們會弄得髒兮兮的，就像他們拿著大畫筆在大紙上玩水彩也會弄得髒兮兮的一樣。但這裡的主要考量並不是保持整潔，而是培養形構

力。只要社會和經濟條件允許，孩子應該擁有一個可以畫畫、捏塑、敲敲打打、縫補舊衣或工作服，而且在需要時可以盡情弄髒自己的角落。

教育與教養者，
應該對孩子遊戲的情況有所警覺並且給予適當的引導

遊戲對兒童的發展非常重要，如果孩子完全不玩遊戲，或者很少玩遊戲，教養者就要有所警覺。今日，有些孩子不願意或無法單獨玩耍；有些孩子會獨自或跟同伴玩上好幾個小時；有些孩子會從櫃子裡搶走所有的玩具，而不是一次玩某個玩具五分鐘；有些孩子則會在遊戲時像是睡著一樣，出神的坐在角落或躺在桌子或沙發下吸吮拇指、辮子末梢或嚼著頭髮，完全不在意原本玩的遊戲。

這些孩子應該得到幫助。德國哲學家席勒（Friedrich Schiller）曾說，人只有在遊戲時才是一個完整的人（儘管席勒想到的不是孩童，而是一個自由、富創造力的人所擁有的本質）。因此把這句智慧格言牢記在心的人都知道，適當的遊戲是成為一個人的必經過程。

就連經歷正當成長過程的大人也不會忘記如何遊戲，他會熱忱的跟無法單獨玩耍的孩子一起玩，直到對方學會一個人玩；他

會幫助風向孩子持續玩某個遊戲,而不是馬上屈服於換遊戲的念頭;他會為水向孩子的乏味遊戲注入活力,並且偶爾把他從夢中喚醒;他會溫和的誘使土向孩子走出自己的想像遊戲,並且參與其他孩子的遊戲;他也會引導強勢的火向孩子學會在遊戲中妥協。雖然理想的狀況是孩子能夠單獨遊戲,但當他們無法做到時,大人不應該放著孩子不管,而是要試著與孩子共同達成這個理想。如今我們經常看到這種令人沮喪的景象:爸爸興致高昂、渾然忘我的玩著遊戲(例如玩具火車組),兒子卻只是帶著善意但無趣的眼神看著他玩。教養者應該要跟孩子一起從遊戲中得到樂趣。

在幼兒園裡,老師也要時時留意孩子是否參與遊戲並展現他們的想像力,這比幼兒園裡經常在做的教學或智力活動還要重要。從事藝術活動(繪畫、捏塑、唱歌、跳舞、演奏音樂等等)、模仿大人做日常工作(除塵、掃地、清洗、縫紉、編織、敲打、修補等等)、模仿農夫、工人和工匠(只要不具強迫性且不以換取任何東西為目的),這些全都是適合在幼兒園裡進行的活動。**這個年齡的孩子應該避免進行任何抽象且與現實生活無關的智性及非藝術性活動**(大部

分的福祿貝爾[18]教具都適用）。事實上，幼兒最好在自己的襯衫和鞋子上練習操作鈕扣，而不是用專門為此設計的教具來練習，例如一塊有鈕扣的布和另一塊有鈕扣孔的布（常用於蒙特梭利學校）。前者是在真實生活中進行的練習，後者是脫離真實生活的抽象練習，而孩子會想置身在真實的生活情境裡。

　　缺乏反思的大人通常樂於見到4、5歲的孩子能讀、能寫、會算術、言談聰慧、舉止文靜有禮，但是大人應該要能觀察那些在家中或在幼兒園裡「靠自己」或「從遊戲中」習得這些能力的孩子其整體生活，因為家庭和幼兒園對此還是有一些責任！但是為何在換牙之前進行學習活動（除非這個學習真的只是單純的遊戲，例如認真模仿哥哥、姊姊做事）會對兒童造成傷害呢？這是需要另闢章節來討論的問題。

18　譯注：福祿貝爾（Friedrich Wilhelm August Fröbel, 1782－1852），19世紀歐洲最具影響力的教育家、學前教育的鼻祖，且創立了第一所名為「幼兒園」（Kindergarden）的學前教育機構。

四種氣質的特徵與教養心法

（小樹文化編輯部整理）

風向孩子

- **大人經常給予的形容**：難以捉摸、迷糊、不安定、不專心、忘東忘西、思緒淺薄、不認真、神經緊張。
- **身體基礎**：天生具有某種搖擺性，不願屈服往下拉的地心引力。
- **特徵**：

    1. 單一遊戲常常感到厭倦，因此遊戲經常改變，或是變換玩法。
    2. 容易被外界事物影響而分心，但也容易產生新的想法。

- **引導重點**：

    1. 維持穩定的日常生活節奏。
    2. 不該強迫孩子扔掉與生俱來的好動天性。
    3. 時間較長的任務，教養者可以適當穿插安排、增添變化。

土向孩子

- **大人經常給予的形容**：敏感、脆弱、有著容易受傷的自戀心、局促不安、神經緊繃。
- **身體基礎**：有著彷彿被地球引力下拉，沉重卻細瘦的身體。
- **特徵**：
    1. 喜歡躲在陰暗封閉的地方憂愁沉思。
    2. 有著豐富而奇特的想像力，並帶有某種冒險性。
    3. 經常思考，但想法大多以自己為中心，比同年齡孩子更有自我意識。
    4. 思緒容易被罪惡感占據，會放大自己的無禮行為。
- **引導重點**：
    1. 提供關懷與善意的理解，並且讓土向孩子時常得到溫暖，以及能讓他們敞開心房的人。
    2. 講故事或教育時，盡量選擇童話或是傳記故事。
    3. 大人不需要太擔心在孩子面前分享自己過去或現在的悲傷與難過。
    4. 透過優律思美與音樂，讓孩子有健康的肢體活動。

火向孩子

- **大人經常給予的形容**：強悍、經常發脾氣、個性剛強。
- **身體基礎**：憑著滿腔熱血在行動。
- **特徵**：
    1. 知道自己要什麼，也知道要如何獲得自己想要的。
    2. 喜歡英雄故事以及有膽量的故事角色，而且在講這類故事時會不知不覺演起來。
    3. 難以在孩子犯錯時要求他改變，做錯事時孩子不會低頭悔改，而是會硬著頭皮補救。
    4. 儘管多半欠缺思考，但做決定完全出於孩子的個人意志，不易受人影響。
- **引導重點**：
    1. 必須有極大的耐心和自制力，且深入了解孩子的心。
    2. 讓孩子有機會釋放自己的力氣，並用在好的一面，可以安排稍微超過孩子能力的工作。
    3. 在孩子發怒時保持冷靜，隔24小時後跟孩子討論整件事。
    4. 透過英雄故事讓孩子產生「換成是我絕不敢這麼做」或者「換成是我應該沒辦法成功」的感覺。

水向孩子

- **大人經常給予的形容**：冷淡、緩慢、愛吃、容易神遊、慵懶、沉著、可靠。
- **身體基礎**：就像被淹沒在滋養並維持有機體的汁液裡，向水向元素徹底屈服。
- **特徵**：
    1. 對吃跟消化很投入、想像力薄弱，有著近乎拘泥的規律感，但是一旦學會了某件事情，就會準時且精確的執行。
    2. 脾氣溫和，但在無法維持慣例時可能會發脾氣。
    3. 喜歡身心都得到溫暖的感覺，不喜歡做費力氣的事情。
    4. 喜歡獨處，不懂得結交朋友，對水向孩子來說，其他孩子很麻煩。
- **引導重點**：
    1. 必須將他們的生理舒適程度限定在適當範圍內，不要讓孩子睡太久、太暖，以及大吃。
    2. 水向孩子不應該總是一個人玩，其他人要偶爾陪他們玩，促使他們加快遊戲步調。
    3. 玩遊戲或寫功課時打瞌睡或發呆，可以大聲叫喚他們或者用突然發出的聲響吵醒他們，拉回他們的意識。
    4. 不要讓他們像沉浸在夢裡那樣盡情塗色或吟唱，而要賦予一些小任務，限定他們去思考並更有意識的創作。

CHAPTER

3

孩子的
意識成長

過早發展智力、警覺力與記憶力，
將會傷害孩子的生命力。
而身為教養與教育者，
應該知道自己對孩子的生命有重大的影響力。

「意識」（consciousness）唯有在死亡的基礎上才能發展，這是生命的一個重大祕密。所有教養者都應該深入了解這個祕密，沒有這層理解，就不可能有真正的教育。折斷一根樹枝或一朵花並不會對植物造成傷害，某些原始蚯蚓即使身體斷裂也不受影響，各個部位仍能獨立存活，這些動植物的生命力是壓制不了的。但是談到更高等的動物，事實就不是如此了。動物的組織愈精密、愈敏感，其生命力就愈不可測試，看看小孩子的傷口癒合得多快，老年人的傷口又癒合得多慢！骨骼硬化的程度愈高，神經就愈能從一般的生命及新陳代謝過程中撤離（在某種限度內）；換句話說，分解代謝和硬化過程愈占上風，意識就愈顯而易見。老年智慧是從身體邁向老化與死亡的基礎上發展而來（老年智能障礙的現象不在討論範圍之內；這與前面的主張並不矛盾）。倚在母親懷裡的寶寶缺乏覺醒的精神生命，因為他的肉體生命還在成長流動，但我們已經發現這股生命力會逐漸撤離身體的某些部位、骨骼會變硬、牙齒會冒出來等等。

隨著相關過程的進行，意識會持續發展並且在生命受到某個程度的壓抑時顯現出來。第一副牙的萌發讓思想概念的成形有了可能性，骨骼的硬化讓站立和行走有了可能性，這些過程意味著兒童的意識發展會有大幅的進步，但是促使兒童為學校生活做好準備的關鍵是在換牙階段，這也是史代納博士始終堅持認為具有

根本重要性的過程。形構力運用人類有機體中最堅硬的物質完美塑造出第二副牙（如果齒質太活、太軟，孩子就容易蛀牙），牙齒的形成也明顯揭露了骨骼硬化過程的功能。我們已經發現形構力藉由換牙以單一方向達到某個運作程度之後，就會從體內釋放一部分出來。這些力量沒有消失，而是重新出現在孩子的智性生命裡，隨著牙齒更換，孩子的心魂生命會形成更多的意識。因此換牙期開始之後，孩子的智性一方面會表現在意識增強，另一方面會表現在想像能力上。孩子在接受任何形式的教育之前，即使是最現代化的教育方式，都應該達到這個發展階段，**大自然會透過像換牙這種具有重要意義的奇妙現象來揭露適合開始接受教育的時間**。古時候的人會等到男孩子開始換牙，大約在出生後的第七年，才把他們送出去讀書。

教養者必須認識到自己在極大程度上掌控了孩子的生死。如果過早喚醒孩子的意識；如果不讓孩子的心魂有時間睡覺、做夢和遊戲，那麼他便是在孩子體內播下早衰的種子，因為意識唯有以生命為代價才能發展。在人生的前七年（即換牙之前）過早發展智力、警覺力和記憶力（受到人為激發，而不是從身體組織自然發展出來的智慧）會剝奪原本用來形塑與建構孩子身體的生命力量。這樣的孩子不都像自作聰明的小大人一樣影響著我們嗎？我們不都認識這些面容蒼白早熟、舉止緊張、提出的問題、答案或想法往

往讓人驚訝而非令人歡喜的孩子嗎？

　　這就是為什麼在孩子換牙之前，遊戲比學習還要有益的原因。我們多麼希望大多數的教養者都能明白這一點！將這些知識付諸行動就是在為下一代提供最大的幫助，因為過早喚醒意識的嚴重後果，要到日後才會浮現，它們會表現在許多無法靠運動或身體訓練來抵擋的早衰疾病和症狀上。

　　另一方面，如果教養者完全把孩子留給旺盛的生命力和身體發育過程去主導，而沒有在換牙期開始之後介入孩子思想與記憶的發展，孩子就會走向另一個極端。如果教養者不去強化孩子的心魂、為精神賦予骨幹，孩子就會變得軟弱，他也將無法為孩子的正常發育帶進足夠的死亡力。藉由不停撒野、耍性子和臉頰發紅的孩子，正承受著旺盛到難以負荷且尚未精神化的生命力，他們就跟蒼白緊張的孩子一樣壓抑；換句話說，他們深受心魂佝僂之苦。

幼兒的道德教育：
故事的圖像比起警告與懲罰還要有用

　　幼兒的道德教育對與之相關的任何人來說都是個難題，沒有

什麼比面對淘氣又頑固的 4、5 歲孩子更令大人感到無助。從人道立場來看，用體罰讓孩子明白道理是錯誤的做法，儘管有時候一記耳光確實可以很快紓解困局，甚至連孩子都坦然接受。一而再、再而三的告誡、禁止、指責以及毫無幽默感的嚴厲批評，最容易令幼小的孩子感到煩惱。事實上，這些行為產生的後果遠比體罰還要糟糕，會讓孩子緊張不安，而且指責和警告很快就會被遺忘，因為它們被引導到孩子尚未發育的心魂區域，因此孩子在本質上無法進行合理、合邏輯的推論。那麼，人可以被引向何處呢？**在孩子的生命裡，哪裡能讓我們找到一塊土地來播下道德生活的種子？答案是：在模仿以及活在圖像中的衝動裡。**

我們必須感謝史代納博士，因為他知道每個人的心魂都有一股力量能引發再次嘗試的決心，不僅要做得更好，還要做得跟以前不一樣。這股力量通常會在我們不知不覺當中生成一幅鮮活的圖像，指引我們下次如何用更好或不同的方式去完成行動。比方說，如果某人的行為傷害了另一個人，隱藏在加害者心中的藝術家就會建構一個改邪歸正、讓傷害得以彌補的情境畫面。如同形構力塑造身體並使之充滿生命，這些心魂形構力會塑造人的道德本質，並且讓道德衝動充盈其中；不是透過抽象的命令，而是內容豐富的畫面。如此一來，心魂就能想像未來要採取的行動，但在大部分的情況下，這些精神道德形構力量的作用仍然處在沉睡

中。

　　因此，這些道德形構力可能會在孩子對任何道德告誡還很陌生的時候被喚醒。史代納博士曾經詳細描述，身體型構力從孩子有機體釋放出來的過程是分階段進行的，它們會先離開頭部，以便作用在心智形成圖像上；接下來，它們會從呼吸（或節奏）系統釋放出來，轉化成遊戲想像力。最後，它們有一部分會離開肢體系統（所有情況都只有部分釋放），可將之理解為道德特質的原始種子。最後一個階段大約出現在 5 歲左右，在這之前，父母如果以身作則並樹立值得模仿的榜樣，就能幫助孩子培養性情和良好的習慣。**模仿是最有效的教育手段，沒有其他方法可以取代。**

　　從孩子 5 歲開始，老師可以發揮自己的想像力來運用畫面，藉由生動描述的情境反映孩子的行為，促使道德形構力量發揮作用。這類的小故事應該盡量簡單，但要有戲劇性並充滿生命。老師應該靠故事本身來啟發道德概念，而不應該在故事最後加上抽象的大道理。任何刻意強調都可能讓孩子覺得故事是針對自己，因而陷入沮喪不安。我們應該讓孩子自己從故事當中發覺他們的缺點，而這往往會顯現在他們的天真反應上，例如戲劇化的描述某個漫不經心的孩子發生的事情之後，有孩子說出：「我才不會那樣呢！我絕不會做那種事！」我們就知道故事的目的已經達成。

　　許多人天生就樂於編故事[19]，要是他們知道這一點就好了。現今的生活和教育方式時常扼殺人們心中自然湧現的想像力，但如同每個人都擁有建構身體、打造完美骨骼所需的形構力（大自然像個藝術家在人體裡運作），每個人也擁有想像所需的靈性形構力，只是這些力量沒能顯露出來，而且因為缺少使用而消失。每個人的有機體其實都有藝術潛能！孩子心中的藝術家仍然充滿活力，任何保有童年力量的人都能重新喚醒心中的藝術家。只要先說個小故事，再說個小故事，你就會明白說故事的喜悅如何湧現出來。當媽媽講起自己編的故事時，不僅孩子會驚喜的睜大眼睛，媽媽也會從自己的故事中得到意想不到的快樂。

　　舉個簡單的例子。3、4歲的孩子從來不會想到去做大人交代的事情，更別提立刻去做，而且就算處罰也沒有用，所以媽媽可以跟孩子說個小故事，或者爸爸也行！這些故事不是在孩子不聽話時拿來訓誡用的，而是在睡前說給躺在床上的孩子聽，孩子或許本來就習慣聆聽短的童話故事。在不預期會有任何說教的情

19　參閱歌德的自述詩：

　　　　父親給了我體格，（Vom Vater hab' ich die Statur,）
　　　　還有認真的生活目標；（Des Lebens ernstes Führen,）
　　　　母親給了我開朗性格，（Von Mütterchen die Frohnatur）
　　　　　以及編故事的愛好。（Und Lust zu fabuliren.）

況下，孩子比較能平靜的聽故事：

從前從前有個小男孩，他從來不聽大人的話。他的媽媽叫他做事，他不但不去做，而且根本沒有注意聽（這裡可以把孩子本身的狀況加進來）。有一天，他跑到馬路上，媽媽站在窗邊叫他回家，小男孩不回家，媽媽又對他大喊，小男孩還是不回家，繼續在馬路上玩。突然間，有一輛車子向他快速衝過來，但是小男孩沒辦法跑，因為他嚇呆了。就在小男孩快要被車子撞上的時候，有個好心人趕緊把他拉開。

這個故事還能再加入更多情節，變得更戲劇化。可以肯定的是，孩子不僅會聽得很起勁，還會把結論套用到自己身上。他愈常這麼做，就愈可能不再那麼堅持己見。或許孩子還是會堅決宣稱自己絕不會像那個在馬路上玩的小男孩一樣愚蠢又調皮，但是如果大人經常講相同的故事（健康的孩子喜歡一遍又一遍的聽同樣的故事，如果可以，用同樣的話來敘述），**圖像就會在孩子的心魂深處發揮作用，並受到靈性與道德力量掌控、組織、深化和強化。這些圖像會在孩子面臨誘惑時浮現出來，幫助他克制自己，這比緊急警告或懲罰還要有用。**但是大人必須抱著真誠且堅信不疑的態度說故事，很多時候，孩子不守規矩是因為教養者沒有認真看待

或全心全意的堅守自己的命令。

在植物界裡，生命形構力透過重複的模式來運作——新芽一個接一個冒出來、葉子一片接一片長大，我們可以從有規律的階段裡觀察到這種模式。孩子也需要重複，因為他們還無法自己做決定並遵循它。重複是培養道德本質不可或缺的要素；一遍又一遍針對同樣的事說同樣的話、盡可能讓孩子每天在相同時間做相同的事，就是教育孩子意志的方法。溫和的耐心以及日常生活的規律秩序是教養的關鍵所在。

一段時間之後，小故事會產生奇妙的正向效果，幫助孩子改進各種缺點，例如：沒禮貌、貪吃、誇大、撒謊、偷竊（竊盜癖除外）等等。但是這些小故事不應該聳動濫情，而要盡可能的具體、有畫面感。我們不必害怕戲劇化甚至怪誕的情節，因為故事一定要能打動人心，但我們要不惜一切代價避開多愁善感的故事。多愁善感跟藝術不相容，而說故事就是藝術，即使那只是入門者最粗糙的嘗試。一旦有勇氣開始，你就已經成功重啟創造性藝術的泉源——即使它以最簡單的形式出現。然後你將發現自己愈來愈能立刻了解孩子的心魂，因為你已經喚醒自己的力量，而那正是孩子心魂深處最熟悉的力量。

假想中的玩伴：孩子健康且恰當的發育過程，而不是異常現象

　　兒童擁有大人幾乎無法理解的想像力，這不是他們能創造一連串或多或少真切想法的問題，而是他們的心魂力量能觸及大人到達不了的領域（藝術家例外）。如同藝術家能更深入生命內部並得到更真實的認知，兒童也不自覺的跟生命深處緊密相連，因此仍能碰觸到事物的本質，這從基本的視覺模式就能觀察出來。兒童看見的東西比大人多，當一個小男孩經常在床底下、櫥櫃頂端或各種角落看到某樣東西，並且帶著敬畏態度稱呼它為獅子，大人多半會認為這是愚蠢幼稚的行為。但不論愚蠢與否，孩子很明顯的可以看到大人看不到的東西。

　　兒童的靈視力（clairvoyance）與幻想的創造力緊密相關。這股創造力可以強烈到把幻想的事物具體化並且投射到外在世界，假想玩伴就是這樣產生的，而且靠幻想為自己創造玩伴的孩子比人們以為的還要多。但是這些聰明的孩子（兒童都擁有聰明的天性）很快就注意到大人難以理解這些假想玩伴，甚至時常指責他們說謊或吹牛，因為大人對此的學習不多，所以確實難以理解這種混合了夢幻與兒童靈視力的力量。回憶自己的童年則能讓人想起這種力量。

　　史代納博士曾經在一場關於童話故事的演講中指出這點，並且引用了格林兄弟（Brothers Grimm）講述的蛤蟆故事：

　　從前從前有個小女孩，她每天下午都會端著媽媽幫她準備的一小碗牛奶和麵包，到屋外的庭院裡坐下來。每當她開始吃東西時，一隻蛤蟆就會從牆縫裡鑽出來，把頭伸進裝著牛奶的碗裡一起吃。小女孩很喜歡這樣，而且如果當她拿著碗坐下時，蛤蟆沒有立刻出現，她還會大聲呼喚：

　　　　「蛤蟆，蛤蟆，快出來，

　　　　快出來，你這小東西，

　　　　　這裡有麵包一大塊

　　　　還有牛奶在等著你。」[20]

　　然後，蛤蟆會急忙跑過來，津津有味的吃起來。為了表達謝意，

20　德文原文為：

　　　　Unke, Unke, komm geschwind,
　　　　komm herbei, du kleines Ding,
　　　　sollst dein Bröckchen haben
　　　　an der Milch dich laben.

蛤蟆還會從牆洞裡搬出自己收藏的各種寶物，像是寶石、珍珠、珍貴的小玩意。不過蛤蟆只喝牛奶，不吃麵包。有一天，小女孩用她的小湯匙輕輕敲蛤蟆的腦袋說：「小東西，你也要吃麵包啊。」媽媽在廚房裡聽見孩子在說話，然後看到她正在用湯匙敲一隻蛤蟆的頭，馬上就拿起一根木頭衝出去，把那隻善良的小動物給打死了。

從此以後，小女孩就變了。如果她可以跟那隻蛤蟆一起用餐，就能長得又高又壯，但現在的她臉蛋不再紅潤美麗，也愈來愈瘦。不久之後，報喪鳥（貓頭鷹）開始在夜裡哭嚎，知更鳥也叼來樹枝和樹葉編成葬禮花圈，很快的，小女孩就躺進了棺材裡。

史代納博士表示：「故事裡的蛤蟆就是小女孩用幻想編織出來的玩伴，但是在她所編織的外衣下，有一個超自然的生命。媽媽不了解這股心魂力量及其創造物並阻止它們展現，因此孩子的創造力被壓抑在有機體裡，導致生病、死亡。敏感的孩子確實會深受其苦，當大人不允許這些孩子發揮創造性的想像力時，他們就會生病。」[21]

「無稽之談」、「亂講」、「別胡說八道」、「那不可能是真的」

21　參閱史代納博士的文章〈童話詩〉（Märchendichtung），刊於《人性學校》（*Menschenschule*）雜誌，1938年3／4月號。

諸如此類的話都證明大人欠缺這方面的認知。我們可以舉許多例子來解釋這種假想玩伴，但抱持現代觀點的人很可能會認為那些例子是在聳人聽聞。不過我們可以提一下休‧沃波爾（Hugh Walpole）的有趣作品《金色稻草人》（*The Golden Scarecrow*）。這位知名的英國小說家對童年期頗有認識，他的故事說明了兒童能察覺到超感官的事物，以這個例子來說就是在最早的童年時期引導他、保護他，但隨著了解塵世事物而逐漸遺忘的守護靈——假想的朋友。另外還有威廉‧坎頓（William Canton）所寫的《看不見的玩伴》（*The Invisible Playmate*），此書以完全寫實但極富柔情的方式敘述一個小女孩跟「看不見的玩伴」之間的友誼，而那個看不見的玩伴是小女孩姊姊的靈魂，小女孩能感知自己跟早夭的姊姊有了接觸。

如今人們對兒童這方面的心魂生活缺乏觀察或認識，否則不會對這種在兒童發育階段相當容易理解的現象感到奇怪。在大多數的情況下，兒童還沒有像大人那樣被拒於天堂之外。

兒童的幻想力也可以透過遊戲顯現出來，而且有時候十分有趣：有個還沒上學的小男孩養了一隻狗，但這隻狗是他幻想出來的，大人看不見牠。小男孩跟他的狗一起吃飯、睡覺、玩耍、散步，有時長達好幾個星期。某天早上，他帶著狗去找一個小朋友玩，媽媽告訴他一定要在晚餐前回家，但他卻很晚才回來，為什

麼？媽媽拜訪那個小朋友的母親時發現了一件事，那位母親跟她說：「我們很早就讓他回家了，但大約過了十五分鐘以後，他又著急的跑回來，上氣不接下氣的說：『我忘了我的狗了。』接著衝到庭院裡，吹口哨、呼喚、扳手指，最後那隻想像中的狗出現了，他才跟牠一起跑回家！」

這個小男孩有一顆溫柔的心，他會拿幾枚銅幣給門口的乞丐，並且告訴他們說他有一座「金色宮殿」，非常歡迎乞丐去那裡。等小男孩開始上學以後，那座宮殿還變成了讓任何人學習各種知識的「大學」。

有一次，小男孩跟爸爸參觀完阿爾卑斯山的一座鹽礦之後，帶著幾個小矮人從地底走出來。他一路上跟小矮人說笑、玩耍，直到有條小溪出現在前面，必須踩著踏腳石才能穿越。小男孩堅決認為小矮人無法做到，最後他把想像中的小矮人扛在肩上過溪，才終於還爸爸安寧。等小男孩回到家，有溫馴的乳牛在牛棚裡跟他作伴，他才忘記小矮人的事。

有位老先生說，9歲前他都跟一頭奇特的野獸生活在一起。那頭野獸非常忠心，不但陪伴他、吃飯時坐在他身旁，還睡在他的床邊。到了9歲時，他再也沒有想起那頭野獸，但是後來他發現並堅信那頭野獸長得很像澳洲的某種動物。

「看不見的玩伴」通常到孩子換牙時才會消失，最晚是在9

歲。有一位小女孩稱看不見的玩伴為哥哥，而哥哥早在她出生前就已經去世，這位哥哥希望妹妹換牙的那天不要到來：「因為我知道，那天到來時，她就看不見我了。」當然，這種聯繫的知識，是具有指導性意義的。這些想像中的玩伴不但會被學校或幼兒園快速驅逐，也會被許多擁有血肉之軀的小玩伴給取代。有一個獨來獨往的 5 歲小男孩經常跟他幻想出來的小女朋友在花園裡玩（「她可以聞聞爸爸種的玫瑰花，但不會去碰它們」），但當他上了幼兒園跟真的小孩子玩在一起，他很快就忘了她。我們可以把這視為健康且恰當的發育過程，不必把想像中的玩伴看成兒童生活裡的異常現象。

幻想謊言：孩子誇大的言詞通常是渴望讓人覺得自己有價值

眾所周知，孩子無法分辨幻想與真實，儘管人們在現實的教養過程中不見得會牢記在心。因此對孩子來說，為什麼夢就應該比清醒的生活經歷更不真實呢？德國紐倫堡的棄嬰卡斯帕·豪澤爾（Kaspar Hauser）就是一個例子。豪澤爾被關在地窖裡十多年，完全與世隔絕。當他在 16 歲時離開牢籠——套句他說的話，「來

到這個世界」——他的發育還停留在兒童階段。雖然他勉強可以描述自己的遭遇，但很顯然他一開始無法分辨幻想與真實；當某天晚上夢見的人真的在隔天來找他時，他告訴對方很感謝他前一天的拜訪。

為什麼孩子幻想出來的人物，就應該比許多在兒時經常幻想的大人更不真實？為什麼孩子用外在感官察覺到的事物，就應該比用內在感官創造並投射出來的事物更不真實？

有個4、5歲的小女孩從市區走路回家，然後一臉驚奇的對媽媽說：「媽，我在街上看到一頭獅子。」但是媽媽只論事實，不願承認有可能發生這種情況，所以她告訴小女孩那可能只是一條大狗，而且難過於小女孩會說謊，還要孩子當天晚上禱告時祈求萬能的上帝赦罪。隔天早上，媽媽認真的問小女孩：「妳有請求上帝原諒妳嗎？」小女孩帶著反省的語氣回答：「有，可是神聖的上帝說，那隻狗大得連祂也以為是一頭獅子。」

孩子與生俱來、無法模仿的教育天賦讓這位母親明白神聖的上帝如何看待並理解孩子的幻想力，這正是世上的成年人所欠缺的。

還有一位小女孩——又跟獅子有關——在聽到哥哥們誇耀自己的各種英勇行為後立刻大聲說：「我有一次把頭伸進獅子的嘴巴裡！」信奉事實的大人先是一楞，然後露出斥責的表情並發出

驚呼聲。小女孩難以招架，於是急忙補充了一句：「但那只是一頭死獅子。」

　　有位一年級的 7 歲小男孩宣稱：「我爸爸有枝金色的鉛筆。」結果金色這個詞就像魔法棒，立刻讓班上一位小朋友腦中浮現他家所有東西都閃閃發亮的景象。「我家每一樣東西都是金色的。」他迅速且大聲回應，試圖把同學給比過去。老師只能發出會心的一笑，把想像力發揮到極致：「那你們看看我，我整個人都是金色的。」那位小朋友聽懂了老師善意的笑話和輕鬆的幽默感，也對自己的誇張描述感到難為情。當然，**我們應該極力避免用嘲笑、嘲弄或諷刺的方式傷害或斥責孩子，嘲笑諷刺與幽默風趣之間有著天壤之別，前者只會帶來傷害，後者則有療癒作用。**

　　「幻想的謊言」往往在孩子的幻想找不到合理範圍發揮時出現，孩子會藉由從內在編織想像來填補幻想所欠缺的健康食糧。這些孩子需要時常聽優良的童話故事、傳奇故事、傳說、日後聽神話故事，以便熟悉故事所創造出來的奇妙意象。他們也應該從事大量的藝術活動，例如著色、素描、雕塑等等。此外，大人應該提供孩子在家裡或學校裡執行小任務的機會，讓他們得到真實的肯定，孩子說出誇大的言辭通常是因為渴望讓人覺得自己有價值。我們有時會從不太受人關注的孩子口中聽到充滿幻想的謊言，這些孩子擁有活躍的靈性，卻遭到忽視。他們覺得自己似乎

被剝奪了什麼，覺得自己總是被推到一邊、是多餘的，所以試著藉由編造最驚人的故事來補償自己。有個剛上學的小男孩第一次接受老師的家庭訪問，他眼睛發亮、語氣熱切的對老師講起「在作戰時能飛越上千棟房子的弓箭」，大人可以察覺到他如何費勁的想像、如何為了表現自己而繃緊每根神經。

歌德小時候會發揮想像力講述最奇特的故事，因為讓玩伴吃驚與羨慕，能帶給他樂趣。從他在故事〈新帕里斯〉（The New Paris）的背景說明中就看出來，他很樂意用杜撰的故事來唬弄玩伴。兒童熱愛運用藝術創造力故弄玄虛，是致使他們出現誇大言辭與不實陳述的另一個原因。

幻想故事：讓我們認識孩子的天性、性格、氣質與靈性起源

兒童的感官知覺不會迫使他們產生精準明確的概念，但是他們的觀察比大人的觀察更敏銳可靠。讓住在都市裡的學齡前孩子描述一輛汽車，你將會慚愧的承認自己的觀察力遠不如他。

儘管如此，兒童主要是透過詩意的幻想生命來觀察，而非透過清晰精準的思考。對他們來說，一朵清楚可見的雲之所以有

趣，不是因為它的結構、密度或組成物質，而是因為它看起來像一隻熊、駱駝、獅子或巨人。當他們對課堂內容感到乏味而凝視窗外的天空，或者躺在草地上看白雲飄過時，一座座城堡、天使軍團、綿羊牧場會出現在他們眼前。牆壁裂縫、吸墨紙或習字帖上的印跡也能在他們的想像中幻變。這種「印跡圖像」不只受學童喜愛，也尚未被大學生鄙視，他們時常藉由夢幻的素描和課桌塗鴉，從講師抽象枯燥的教學中解脫。

又或者，一輛馬車駛過，裡頭坐著一個男人和孩子。他們是父子嗎？他們從哪裡來，要往哪裡去？他們曾經遇過什麼事？以後會發生什麼事？幻想力被喚醒，一個或多或少原創的故事隨之展開，而孩子極可能會是其中的角色。

在童年時期，這種「編故事」的情形比人們認為的還要頻繁。很多孩子會用數天、數週甚至數年的時間來編同一個故事（艾蜜莉‧勃朗特 Emily Jane Brontë, 1818 - 1848[22] 就有一個故事從兒時一直寫到 20 歲），而且只講給最值得信任的好朋友聽，大人通常缺乏聆聽的耐性，所以難以得知。**但這些故事可以讓人更認識他們的天性、性格、氣質和靈性起源，因為當孩子揮灑自己的創造力，很多事物會從無意識的深處湧進他們的心魂。在這種時刻，他們並**

22　譯注：勃朗特三姊妹中的二姊，也是《咆哮山莊》的作者。

不是參與完全清醒的意識活動，而是置身在清醒的夢裡。雖然他們的確會把從外在世界得到的想法帶入夢中，但仍然不脫離自己最親密的領域。

　　兒童經常把自己編進這種性質的故事，以便扮演某個角色。瑪格麗特・麥克米倫（Margaret MacMillan, 1860 － 1931）[23] 就細膩的觀察到，人們往往可以從兒童行走的樣子（例如在放學路上）猜到他在自己幻想的故事裡扮演什麼角色：有時他拚命的跑，因為要逃離某個敵人；有時他挺直腰桿踢正步，因為他是個士兵；有時他像公主或舞者一樣邊走邊跳；有時他像鹿般跳躍、像馬一樣奔馳、像狐狸一樣偷溜……故事情節在他們腦海中上演，並且透過姿態表現出來。

　　認識這種形式的幻想劇是有幫助的，否則我們很容易誤解孩子的行為。一進門就被一隻咆哮的獅子撲上來並不是愉快的事，但是孩子沒有傷人的意思，畢竟獅子除了咆哮和撲襲獵物之外還能做什麼？也許原本開朗坦率的孩子某天放學回家之後像個大人物一樣沉默又嚴肅，不回答任何問題也不提學校的事，原因是他在學校裡聽到英國國王威廉一世和威廉三世的故事，決定當個英

23　譯注：幼兒園發展先驅，1922年開始接觸史代納博士的教育理念，並於往後開始研究人智學與華德福教育。

雄人物，所以必須惜字如金！也許孩子張開雙腿坐著，故意用粗魯的口吻說話，因為他幻想自己是個水手，而水手不是懦夫，沒有人會期望老練的水手有禮貌。大人需要用極大的耐心來看待這些情況。

如果孩子覺得自己受傷、受到誤解或不公平的對待，他們的幻想就會朝另一個方向發展。透過想像來編造內心故事是 9 歲或 10 歲孩子的一個特徵。正如史代納博士一再指出，這是孩子不再自發參與外在世界的活動，開始自我孤立並且跟身邊的人唱反調或批評他們的時候。對教養者和孩子來說，這往往是個艱難時期，也是叛逆青春期的前奏。

如果孩子覺得大人無法理解這段時間擱在他們心裡、一些不言而喻的問題，他們就會開始退縮、憂慮，或產生這種不算罕見的想法：「我不可能是爸媽生的，誰知道我從哪裡來？也許我真正的父母是有名的人物……」然後在早上醒來還躺在床上時、晚上入睡前、在角落獨自發愁的那幾個小時，或是在跟「好朋友」祕密交談時繼續想像：「也許我的爸爸是個水手，或者是森林裡貧窮的樵夫，如果跟他在一起，我應該會很開心，因為他一定很了解我。那個現在自稱是我爸爸的人根本不懂我、不愛我。」憂鬱的想法不停湧現。有個 11 歲的小男孩就曾經在門廊上緊摟一隻狼犬，對著自己吶喊：「沒有人了解我，沒有人關心我，只有

你（名叫菲普斯的狽犬）了解我，只有你關心我。」他不是心思細膩的孩子，他長得高大健壯，隨時準備跟人打架且能輕易打贏，但是他跟許多生理尚未發育成熟的青春期孩子一樣，對生活中經常遇到的痛苦和折磨感到難以承受。托爾斯泰曾經在一個故事裡很生動的描述這種痛苦。故事裡的男孩排拒身邊的親人，變得非常孤單，他想也許自己不是爸爸親生的，所以打算向爸爸感謝養育之恩，然後告訴爸爸，自己必須離開這個家。他甚至幻想未來自己會成為所向無敵的英雄，而且沙皇將答應他的任何願望，但是他什麼獎賞都不要，只希望能消滅他的敵人，也就是他的家庭教師，因為他覺得自己一直受到家庭教師的輕視與不公平對待 [24]。

我們在這裡必須說，**這個年紀的孩子常會出現微不足道和多愁善感的幻想，因為家庭和學校在日常生活中沒有為他們的心靈提供必要的滋養。**如果鼓勵孩子接觸日耳曼、波斯或希臘英雄傳說裡高尚且理性的情節，他們的幻想自然不會那麼瑣碎和感傷，活潑、振奮，且具藝術性的想法會充滿他們的心魂並提供養分。否則，取而代之的通常會是孩子沉迷於讀報的悲慘景象。

24　在這個故事中，托爾斯泰結合了幻想與現實世界，他的父親相當早就去世了，因此托爾斯泰從年少時期便不再與之相處。

脫離正軌的想像會讓年輕人墮落、壓制抽象且缺乏培養的良知衝動

當孩子缺乏童話故事、傳說、神話和生動歷史圖畫的豐富滋養，他們就會往別處尋找養分，就像飢餓的人連一口麵包也找不到只好撿食腐爛的蘋果時，卻還感到慶幸一樣。然後，他們會暗中閱讀報上的謀殺案新聞，或者跟同學互相討論鮮為人知的驚悚故事。如果孩子的創造力缺乏正確的引導，他們大概會在 9 歲時出現這樣的現象。他們會結交那些能散播奇聞祕史或恐怖故事的人，而且故事愈危險、愈可怕愈好。

調查社會上有多少嚴重的青少年犯罪肇因於家庭和學校不注重培養想像力，不僅僅是一件值得關注的事。遭到荒廢的幻想力會像野草般迅速且混亂的發展，孩子因為不快樂或被輕視而離家出走似乎相較無害，但是那些祕密計畫、準備過程，為了避免被抓而必須使出的狡猾伎倆，都容易導致他們的想像脫離正軌。於是，他們可能會成為船上的男侍、山林裡的強盜或貨運列車上的偷渡者，以便實現自己的想像。當年輕人缺乏創造任何理想的能力，不向運動界的英雄看齊，而是把罪犯、強盜和惡棍當作榜樣，

情況就會變得更糟 [25]。少年法庭的報告說明了當想像力受到損害，會有引發犯罪的可能。有個 16 歲的小伙子為了錢，利用在電影裡看過的方法，拿一把老舊生鏽的左輪手槍打死了一個育有多名小孩的年輕母親。由於想像力受到忽視且缺乏培養，他只能「上演」他所看過的行為，他的罪行事實上是一齣可怕殘忍的戲劇。**脫離正軌的想像會讓年輕人墮落，且會強力壓制抽象而缺乏培養的良知衝動。**

但願教養者能明白，圖像概念直到青春期之後都會深植在孩子心中，並以令人費解的方式產生強大作用，因此培養健全的圖像概念是不可或缺的教養手段！讓孩子聆聽（並非閱讀）生動的故事、歷史傳記、觀賞氣勢恢宏的古老史詩圖片也變得格外重要，一旦老師能從中辨識出最有效的教法，並且有意識的運用，它們就不再只是教材，而是重新創造心魂的療癒力量。

25　今日，我們還可以把吸毒者列進來。

學校教育必須富含藝術性與想像力，對孩子來說這才是理所當然的學習方式

　　許多人不贊同藝術教育和藝術課程，認為它們過於柔弱輕浮，缺乏現今和未來教育環境所需要的強硬和嚴肅。但是人唯有在找到適合自己發展的條件時，才能活得最好，也才能應付人生中的特定任務。有些植物需要大量的水分和遮蔭，如果依照文化原則只給予少量水分並放在太陽底下曝晒，將得不到任何成果。每個人都需要某些條件才能成長茁壯，如果要改變這些條件，就必須透過謹慎細心的教養來改變物種本身。

　　兒童大約在換牙階段開始上學念書，如果忽視這點，把他們當作已經過了青春期的小大人看待，就等於忽視為未來奠定健全基礎的重要性。無疑的，沒有人相信在不了解兒童發展過程的情況下施予教育，可以培養出強健能幹的下一代；相反的，這是在不知不覺中削弱一個人某部分的天性。

　　兒童帶著部分從身體釋放出來的形構力面對學校裡的老師，然後在繪畫或捏塑活動裡運用活潑的想像力和雙手表達。如同大人理所當然能夠進行邏輯思考和合理行動是一樣的，**對兒童來說，透過圖像和隱喻發揮想像力並進行藝術創作也是理所當然的事**。如果學校老師讓孩子畫圖、著色、捏塑，然後延伸到字母的

組成（字母現在已是抽象符號，不再是圖片），就能為兒童與生俱來的能力帶來幫助。顯然，當教學內容符合孩子真實的發展階段而非與之對抗時，老師就能為孩子的未來打好基礎，孩子也能自然茁壯。此外，由於孩子的身體和心魂緊密相連，任何教學活動對孩子的身心都會發生作用，因此老師要非常注意這些自然運作過程。的確，學齡兒童的身體器官和組織都已發育，它們是生命初期的禮物，直到換牙；但是兒童不斷在成長，而成長是按照有節奏的準則進行。人體構造裡奇妙的音樂部分可以用數字表達，而它們會共同組成和諧的樂曲。史代納博士曾經說明人體骨架如何在研究交響樂的藝術家身上產生交響樂的效果，因此人是依照音樂節奏在成長。兒童的成長主要發生在求學階段，也就是面對老師的那段期間。老師有可能觀察到這一點，並為兒童的健康發展帶來幫助；但是也有可能觀察不到，導致對兒童的發展造成阻礙。換句話說，老師對兒童發展的影響遠遠大於他們自己的認知。

　　因此，老師應該讓孩子體驗他們能掌握並運用的形塑力量。除了讓孩子進行圖像及想像方面的活動，還可以不斷將孩子的想像力導入他教導的課程或提及的任何事物中。

　　老師必須基於藝術感受來雕琢與形塑教學的內容，連自己的說話方式也包括在內，而且不能矯揉造作。孩子呼吸的氣息應該是音樂的氣氛。

教師培訓的重要任務是把未來的老師，從乏味的智性科學教養中解救出來，使他們成為自由、有創意的人——能沉穩的在正確時刻理出頭緒且能像藝術家一樣創作，因為對他們來說，這是理所當然且必須做的事。

　　在華德福學校舉辦的教師培訓班裡，我們經常可以發現那些為了擴展培訓經驗或文化素養的老師一開始會深受心魂束縛所苦。他們往往用僵硬的智性思考來回應接收到的指令，尤其在提出問題和反對意見的時候。他們懷疑自己在各個領域運用藝術的能力，並且宣稱自己完全不懂藝術。但是按照史代納博士的指示，教師培訓課程有一大部分都跟藝術相關，無法將藝術排除在外，因此他們畫圖、著色、捏塑、練習音樂、優律思美、體操和演說。我們時常驚訝的目睹他們奇蹟似的擺脫心魂束縛、展現更多微笑、更放鬆，甚至完全改變自己的生活態度。他們一旦有勇氣釋放自己，就會創造出許多才華洋溢且原創的捏塑和繪畫作品。參與課程的老師認識到教師培訓課程最重要的目的，是使人自由，而使他們自由的正是藝術活動，他們一方面能從受制於理性的狀態中釋放，另一方面能從受制於自然的狀態中釋放——如同詩人席勒（Johann Friedrich von Schiller, 1759－1805）在《美育書簡》（*Letter on the Aesthetic Education*）裡以獨特方式所做的說明一樣。

　　我們可以輕易取得課程所需的知識，但無法以同樣的方式學

習藝術——兒童課程裡必備的組構能力和藝術熟稔度。這需要不斷練習以及全心投入。

　　華德福學校的精神領袖史代納博士認為，最重要的是有充足的時間做準備，他時常說：「準備不足是老師最大的敵人。」

　　那麼，課程的準備工作包括什麼？包括從自然界、從日常生活的觀察、從跟擅長某些科目的同事交談，以及從最好的原始資料當中獲取基本知識。普通的教科書無法達到這個目的，因為它們不重視教材的風格或組成，以及藝術處理手法。然而未過青春期的孩子並不是用通俗化和套句迷人用語「適合兒童」的方式，就能接收現代知識的小大人，如果不謹記這一點，孩子的本質就會被誤解。因此，**教學準備工作的重點應該在於運用藝術形塑與想像力，重新塑造自己習得的知識，以便吸引孩子發揮想像力。**最有幫助的做法就是自己運用各種媒材來進行藝術活動，並且避免自負的認為自己在創造藝術作品。重要的是行動本身，而不是結果。

CHAPTER
4

如何讓學校生活，
從遊戲轉向
具學習性的工作

教育必須保留遊戲中的創造力，
因為當一個人愈有活力與創造力，
才能在為社會服務時獲得更多成就感；
因此我們必須保留孩子健康遊戲中的自然特質，
並且持續在青年時期培育。

孩子看待遊戲，就跟大人看待工作一樣嚴肅，如果大人不重視他們的遊戲，對他們而言是很不公平的事。孩子能無止境的投入遊戲，但那是為了自己，不是為了造福社會，因此人必須接受教育，而且教育方式必須能夠保留用於遊戲的創造力。一個人愈有活力與創造力，為社群服務時就會愈有成就，如果缺乏活力、熱忱和沉穩思考，就無法為社群做出任何真實的貢獻。因此，我們亟需保留健康孩子在遊戲中自然表現出來的特質，並且利用整個青年期來慎重的培養它們。

學齡前兒童在作畫時，完全有權按照自己的想法揮動畫筆、盡情塗抹，充分享受色彩、畫圖動作及由此產生的圖案所帶來的喜悅，大人應該讓他聽從內心的衝動來創作。這跟在學校的情況不同，例如在低年級班級裡，學生作畫是因為老師明確指定了一項任務，所以必須盡可能完成它，比方說在藍色色塊旁邊仔細塗上黃色色塊，或者在紅色圓圈的四周塗上綠色。他們作畫是為了學習，就像他們練鋼琴或小提琴是為了學習一樣。人們期待孩子獲得某種程度適合兒童期的能力，因此孩子必須反覆努力練習。雖然兒童一向喜愛畫畫，看見老師拿出畫板、畫筆、顏料罐和筆洗罐就會開心的歡呼，但他們知道這是一件嚴肅的工作，不只是玩耍而已。兒童對自己的工作感到開心是件壞事嗎？**只要他們像玩遊戲時那樣認真努力的工作，人們就不應該反對一方面以繪畫**

與捏塑，另一方面以節奏與詩歌作為基礎的幼兒教學。

教育者不應強迫孩子將注意力放在智性內容與做事的意義上

語言的培養不應該著重在智性的意義，而是節奏、韻律與樂音

在孩子還小的時候就強迫他們把注意力放在智性內容以及做事的「意義」上，而非創造性活動本身，對他們而言是一件複雜且危險的事。

從最真實的意義來看，說話就是創造性活動的例子之一。說話聲音透過喉部、上顎、舌頭、嘴脣和牙齒，並且跟空氣發生摩擦而形成。當孩子們發出一個字音時，他們一定感覺得到它們的運作方式，進而對人類的這種創造性活動感到敬畏。看看剛學會說話的幼兒如何熱切的重複每一個字、每一個音，如何被奇怪的聲音組合惹得發笑，那分由說話本身產生的喜悅感不言而喻。

有兩個住在柏林郊區、偶爾跟大人搭火車到市區的小男孩，總會不厭其煩的重複唸出火車經過的車站站名。他們就像在品嘗

好吃的糖果一樣，用舌頭玩味那些名字。「Rummelsburg」（魯梅斯堡），多麼神祕又低沉的聲音！「Alexanderplatz」（亞歷山大廣場），這個字是怎麼從嘴巴裡蹦出來的啊！他們完全憑聲音去評價所說的字，無論是低沉或充滿活力。小孩子喜歡說一些令父母傷腦筋的「粗魯」話，除了樂見大人的震驚反應以外，主要是因為他們對於罕見（以及在某些情況下最有用）的聲音極感興趣。

《少年魔號》（*Des Knaben Wunderhorn*）裡的詩句如此優美，並不是因為它們言之有理，相反的，愈無厘頭才愈有趣！它們的節奏、聲音和語調組合多麼令人欣賞：

「施努采普小屋就像這樣：

So geht es in Schnützelputzhäusel:

老鼠在跳舞歌唱，

Da singen und tanzen die Mäusel,

……」[26]

26　出自克萊門斯・布倫塔諾（Clemens Brentano）與路德維奇・阿希姆・馮・阿爾尼姆（Ludwig Achim von Arnim）於1806－1808年合編的德國民謠及古老詩集《少年魔號》。另請對照 W. J. 透納（W. J. Turner）的詩句：

　　「欽博拉索山、科托帕希峰，（Chimborazo, Cotopaxi）
　　它們偷走了我的靈魂！」（They had stolen my soul away!）

　　「Schnützelputzhäusel」（施努采普小屋）是個充滿豐富經驗的美妙兒語。德國浪漫主義作家讓・保羅（Jean Paul, 1763 － 1825）小時候很喜歡「Weltweisheit」（世界智慧）和「Morgenland」（東方）這兩個字，雖然當時他還無法賦予它們意義，但光是它們的聲音就能傳達一種神祕且吸引人的期待。這樣的兒語帶有光環，孩子似乎不僅會聽它們的聲音，還會品嘗它們，看它們閃閃發亮。

　　學校教育的初期，就應該培養語言當中這種非智性的部分。所以一首詩的價值主要在於它的藝術形式，它的節奏、韻律、樂音，內容比較不那麼重要，孩子日後才會完全理解它的內容。孩子可以感受母音 A（ah）的明亮特質、U（oo）的不祥預兆、I（ee）的尖銳性、E（eh）的推斥姿態、O 的神奇覺醒，透過感受來建立自己與聲音之間的連結。優律思美能提供最大的輔助，因為它本身就是某種形式的動態語言，可以完美適應活潑愛動的孩子。

　　今天，我們經常聽到要求克服物質主義的聲音，如果連小孩在學校都注定會往內在被動的傾向發展，那肯定無法克服。身體運動取代不了內在的活潑特質，**孩子需要感受自己的靈性在語言塑造過程中的活躍度，需要感受自己有源源不絕的創造力。**「Kopf」（德文「頭」的意思）整個字音代表的是位於兩肩之間的圓形物體，我們當然可以不帶喜好的接受這個字。但是如果加重字首 K 的硬音，我們就能些許感受到頭骨的堅硬質地；o 的音可

以帶有驚訝的語氣，傳達出對頭部渾圓外形的驚奇感；pf的氣音迸發出來時，會讓人感覺到「Kopf」這個字的聲音智慧經由嘴巴來到外界——這需要靠整體生命的活動、內在警覺以及熱切關注才能做到[27]，而且它要求我們需要對人類在這部分被賦予創造本身的事實感到敬畏。

對年紀較小的孩子，
文字的圖像呈現與表達的意義一樣重要

字母也應該先以圖像呈現並經過設計，然後再被理解為具有某種意義的符號、某種表達的工具。我們應該問自己一個問題：為什麼中學生的字經常像鬼畫符一樣，幾乎難以辨識，小學生卻更常好好寫字，或許寫得不漂亮（這當然取決於教導方式），但至少比較認真？這是因為年紀大的孩子早已明白書寫只是為了傳達某種智性內容，他們把注意力放在寫作內容上，因而完全忘了字母的形狀。**但年紀較小的兒童通常意志性多於智性，所以對他們來說，書寫的行為（亦即字母的組成）比較重要**，或者與他們透過這些形狀表達出來的意義一樣重要。

27　史代納博士曾提醒，不同語言中的「頭」這個字，會給人不同的感受。

年幼的孩子必須沉浸在自己的活動中，並且用眼睛去注意描繪字母形狀的過程。同一時間，他們應該透過字母圖片來發揮想像力，以便在書寫時可以完全交付自身；如此一來，書寫就不會只是盡速用手寫下腦中想法的活動。

在探討華德福學校教育的論文裡，有很多例子都跟學習書寫方式有關。每位老師都自由的發揮想像力來吸引孩子，並且探索新的圖像，讓字母更貼近孩子的心。我們在這裡只需略提一下字母 W，它的原始形狀可以取自 Wind（風）、Wave（波浪）和 Welling Water（湧出的水）的圖像。

這裡沒有幼稚或兒戲的問題，只有一個非常嚴肅的任務，那就是**保護幼兒的活力不被抽象的讀寫學習方式給破壞；一味仰賴聰明才智只會摧殘他們。**這些細節全部都比人們以為的還重要，而且幼兒學習讀寫的方式絕對會影響他們日後生命和內在力量發展，對學習成效帶來幫助或造成阻礙。

幼兒感受音樂與色彩的方式，同樣會影響他們的內在健康發展

與兒童內在健康發展同樣重要的，是他們感受音調和色彩的方式。如今，人類最不訴求物質主義的領域是音樂，人們經驗音

調（Do、Re、Mi、Fa、So⋯⋯）是為了自己而不是因為音調「意味著」某個事物，像是「森林的呢喃」或「湍急的溪流」──人們覺得那並非音樂且會予以正當的譴責。然而我們在繪畫方面還沒有達到類似的精神風貌，色彩的並置排列被要求應該「描繪」或「表達」某個事物，例如風景、肖像或靜物。

但是在我們所描述的教育系統裡，兒童必須學會感受每個色彩本身的創造性特質，以便克服偏重知識主義的傾向。他們也不應該只是把屋頂塗成紅色、把青蛙塗成綠色、把天空塗成藍色等等，因為對於在靈性上仍然接近天堂的孩子來說，黃色的外放、紅色充滿迎面而來的活躍感、藍色的退縮，都是不證自明的；簡單來說，每個色彩都各有「作為」。歌德的《色彩論》（*Theory of Colours*）[28] 可以幫助教育者理解色彩的特徵。他教導人們感受色彩的暖與冷、主要性與次要性，感受色彩組合的性質印象、和諧與不和諧。史代納博士延續了這個新的色彩教育概念，並且透過他的靈性科學奠定其基礎。

兒童會逐漸學會尊重每個色彩的獨特性，這能防止他們陷入

28　英文版譯注：此書1840年由查爾斯・伊斯特雷克（Charles Eastlake）翻譯。畫家威廉・泰納（J. M. W. Turner）讀過此書之後，創作了《大洪水的晚上》（*The Evening of the Deluge*）和《大洪水之後的早晨》（*The Morning after the Deluge*）來闡釋歌德所說的明暗對比，以藝術家的觀點和經驗來印證科學家及詩人歌德的論述。

主觀的表現主義，也能避免老練世故的將色彩視為必須為物體「著裝」的侍僕。兒童會與色彩世界建立真誠、富有藝術感的關係。

如何將圖像與課程教學結合在一起，引發孩子的情感意志

在一本新出版且跟城市相關的兒童讀本裡，有一張薔薇樹的圖片和一段以短淺兒語描述薔薇樹的說明文字：莖、枝幹、葉子、荊棘、花蕾、花朵、薔薇果等等。這本書還帶領孩子進入城市的日常生活，例如購物、家庭成員的職業：爸爸疲憊的下班回家，躺在沙發上抽菸、看報紙。街道上的一樁意外事件也透過彩色圖片重現所有細節，包括救護員、擔架等等。這本以最現代的教育準則謹慎編寫而成的讀本，清楚揭露了圖像課程的危險。它們很容易偏重非藝術和瑣碎的內容；讀本裡的圖片和圖表不具藝術性，而且對兒童來說過於僵硬刻板──儘管平心而論，我們必須承認這個領域有了新的進展。

但是兒童仍在成長中，最適合他們天性的做法就是讓他們接觸還在發展、未完成的事物。老師或許不會很多技巧，但只要能

夠在黑板上創造圖案給孩子看，即使是最原始的圖案，對孩子來說都比毫無改變餘地的完美圖片更有價值。當孩子看見原始圖案逐漸發展成形，他們就在參與整個過程，而這非常能激發他們的想像力。感受他們興奮的情緒是令人愉快的事，兒童不像大人那樣被動的享受美感，他們總是想要主動參與，靠自己創作和體驗。因此，設計給幼兒的可動圖畫書就顯得格外重要，史代納博士也十分推薦，因為他自己就是透過這類圖畫書學會閱讀。

記住，原始的東西絕不是非藝術的東西，它們擁有最大的藝術影響力，否則我們如何談論原始藝術呢？

當身為老師的我在黑板上畫一朵小花，並且在花朵周圍加上柔和的黃色光暈，我就在表達某件事。雖然我不是真的在草地上看到這個景象，但孩子們立刻就懂，因為他們就是以這種方式感受花朵的綻放。柔和的光暈表達了孩子的經驗，即使肉眼看不到，他們也能感知到光暈交織在花朵四周；這是心魂之眼看待花朵的方式。如果我把一隻掠食的餓狼塗成鮮紅色，孩子們也會明白我的意思，因為他們覺得這個顏色跟狼的本性相符。如果我想維持寫實感，把狼的皮毛塗成灰褐色，那麼至少也要畫個火紅的舌頭掛在嘴邊來強調牠的貪婪。對孩子來說，一幅畫充其量只是重現大人眼中的景象，而是不真實的，從更高層次的意義來說，是因為孩子是以完全不同的方式在感受事物。史代納博士提醒我

們注意一個事實，那就是嬰兒吸食母乳時不僅會透過舌頭嚐到母乳的甜味，而且從頭到腳都會充滿味覺帶來的幸福感。年幼的孩子也一樣，他們仍然透過全身來體驗事物，他們的眼睛會發亮、他們會拍手、跳舞、跳躍（甚至舌頭也會跳舞）。是的，當他們直接經歷某個事物帶來的感動，無論是看到森林裡的鹿、被點亮的聖誕樹，還是玩具店的櫥窗，他們會高興的顫抖。感官知覺所激發的想法會跟慾望和「情感意志」一起躍動。

這些具有意志特性的剩餘印象，絕不能在視覺課程中消失，大人不能用自己看待事物的方式當作出發點。

兒童的意識雖然朦朧，卻很有理解力，他們會把大人早已放棄回答的問題放在心裡，所以如果課程內容只停留在他們相當了解的日常生活領域（通常比老師還要了解），那是不對的。

兒童的心魂來自潛意識上仍然與之相連的世界，它渴望一遍又一遍的聆聽有關那些世界的事，所以兒童總是心存感激的聽大人講述這個世界——一個道德與自然法則互不分離的世界、一個人神共處且人類樂於模仿神靈善行的世界。史代納博士告訴我們，年幼孩子從這個世界感受到的是周遭世界（包括養育他們的人）是值得模仿的，所以他們是模仿者。對孩子來說，整個世界都充滿道德。雖然他們自己無法以這種方式表達，但他們能感受世界的宇宙相（cosmic aspect）。他們了解星星的善良——它們將自己

的形象藉由花朵賜給我們；他們明白紫羅蘭害羞、謙虛，卻也有點虛榮——它們會從綠葉之中窺探並且樂於被發現；他們也知道要讚美並欽佩勇敢的牧羊犬，要鄙視懶惰任性的哈巴狗。對孩子來說，花朵朝向鍾愛它們的神聖太陽綻放，就像莖在暴風雨吹襲之下驚恐顫抖一樣理所當然。

因此，孩子周遭的世界都應該提升到史代納博士所說的道德想像領域（moral fantasy），因為他們的內心有立即理解它的能力。但是我們絕不能透過感傷濫情的方式去做，唯有當老師藉由對大自然的喜愛、崇敬和藝術眼光讓自己成為詩人，才有可能辦到。成為詩人並不意味著用詩當作藉口去涉獵稀奇古怪的事物，做出不切實際的主張，**它意味著展現用藝術眼光才能意識到的自然祕密法則，它意味著更深入穿透自然的本質，清醒的置身於孩子無意中置身之處。**

「看看這棵冷杉，他的根牢牢扎進土地裡，那些粗壯的根偶爾還會把你絆倒。但是看他多麼嚮往天空，拔地而上衝到環繞著樹頂和山頂的雲。看他如何在天空面前彎下最頂端的樹枝，彷彿在祈禱。

「但冷杉，你不是從土地裡冒出來的嗎？你想完全遠離大地嗎？你必須愛她，因為正是她牢牢抓著你，你才不會被暴風雨連根拔起，你才能繼續往上朝著星星生長。」依附大地的石頭、小植物

和動物輕聲說。然後，冷杉把他的樹枝放低了些，他覺得自己不能只往上朝著星星生長，他也要愛大地母親才行。他感受到對大地的渴望，並且把樹枝垂得愈來愈低，直到最後一根樹枝觸碰到黑暗的大地。在樹枝底下穿梭的野兔高興萬分，在樹下休息的小鹿還有攀附在樹根上的青苔也開心的享受涼爽的樹蔭。

同樣的，我們也可以說說雲雀：

「雲雀跟冷杉一樣，對高處充滿渴望。她朝天空前進，飛得愈來愈高，現在已經消失在藍色的遠方。她在那裡一定聽見天使在唱歌，否則她的歌聲怎能那麼美妙？她會不會待在天使身邊，完全忘記可憐的大地？不，不會的，她要回來了。她會在哪裡築巢呢？肯定是很高很高的樹上，這樣才能靠近天空和星星？不，她飛得很低很低，然後消失在田溝裡。她對大地的愛如此巨大，以至於不願住在灌木叢或樹上，而是棲息在大地母親的懷裡。鼴鼠、蚯蚓和蚱蜢都感到驚訝。他們不會飛，而且總是害怕雲雀再也不會從他們絕對無法了解的國度回到他們身邊。但現在她又回來了，他們也驚奇的從她的歌聲中知悉神聖的國度、星星、天使和天堂的聲音。是的，雲雀是天堂的使者，她向黑暗大地及其居民傳遞訊息，如果我們在某個春日安靜聆聽她的歌聲，也可以聽見那些訊息。這是雲雀可愛

的地方，但我們人類也一樣，即使靈魂在死後進入美麗的天堂，跟天使在一起，我們也不會忘記我們的大地母親，我們會繼續愛她。」

　　這樣的圖像能讓孩子沉思，讓孩子意識到周遭的世界，同時以寓言故事的形式訴說更高層次、超越感知的事實，並能喚醒、發展並培養宗教情操。由於它們是寓言故事，因此永遠可以重新引發年紀較大孩子的興趣，並且得到深化和延續，**但這絕不能透過教條式的教導，而必須透過藝術性的教導。藝術圖像可以教育並塑造一個人但不予以限制，教條式的教導則不尊重孩子心魂裡的自由種子。**

　　「無常的事物不過是幻影。」[29] 更高層次事物的形像則是永恆不變的，因此當來自「永恆」的兒童以永恆的形象與無常相遇時，他們必須明白無常的短暫。他們生來就有這個需求，但只有藝術家的靈性才能滿足這個需求。

29　"Alles Vergängliche ist nur ein Gleichnis"，歌德《浮士德》（*Faust*）第二部第五幕〈神祕合唱〉（Chorus Mysticus）。

童話故事的場景順序吸引著心魂，
並喚起隱藏的內在力量

　　兒童是否應該聆聽或閱讀童話故事，是人們經常問到的一個問題，但若要得到答案，我們必須對兒童與童話的真實本質都有所認識。

　　史代納博士的神祕劇（Mystery plays）[30] 裡有個名叫卡佩修斯（Capesius）的歷史學教授，他不時陷入心魂空虛的狀態，感覺自己在心魂上完全枯竭，以至於無法從事創造性工作，他感覺經歷了靈性的死亡。後來，他到高山上拜訪老婦人費莉西亞‧巴爾德（Felicia Balde），她擁有把自己接觸元素體的經驗轉化成寓言故事的能力。卡佩修斯在聽完她的寓言故事之後，感覺自己的心魂煥然一新，他的科學創新力又開始如泉湧般流動。

　　許多人都有類似的發現。他們工作了一天、感到疲憊又空虛，此時有種半夢半醒但煥然一新的詩意在內心交織，那些只在夢中發生的事也在這個半夢半醒的狀態下發生，但卻能使人煥然一新。內在圖像不由自主浮現、彼此交談，並且將心魂送入清醒的夢境裡。這種情況也可能發生在無法控制自己的想法時，像是

30　譯注：中世紀歐洲三種地方性戲劇之一，內容主要以《聖經》故事為主。

睡前開始編織夢境或醒來後繼續編織夢境的時刻[31]。

另一方面，人們在精神疲憊的狀態下可能會欣然投向童話故事，並且沉浸在不斷流動於腦海的畫面中，那些畫面就跟夢一樣日常。童話故事生動之處與其說是它的過程，不如說是場景的順序，那些畫面對心魂具有吸引力，而且能喚醒隱藏的力量，它們來自介於醒與睡之間的心理狀態，這種心理狀態在古人身上比在現代人身上還要明顯許多，如今留下的一切或多或少都來自祖先。在那個古老年代，關於世界及人類演進的真實知識都呈現在這樣的畫面裡，並非透過神話震撼人心、包羅萬象的形式，而是透過一種簡單、稚氣，有時滑稽可笑的呈現方式。

許多童話故事透過隱晦的意象，來表現人類靈魂自天界墜落及其所有哀傷可悲的結果。《聖經》以莊嚴的方式講述人類的墮落、偷嚐禁果，童話故事則以天真的方式訴說相同的故事，《格林之後的德國童話》（*German Fairy Stories since Grimm*）裡的〈小野豬〉（Little Bristly Boar）就是一個例子：

有個小王子在母親身邊玩耍，母親正在削蘋果，而且不准小王

31　請參閱史代納博士的著作《神話故事的詮釋》（*Interpretation of Fairy Tales*）。另見羅伯特‧梅爾（Robert Meyer）以此為基礎寫成的精采著作《神話故事的智慧》（*Märchenweisheit*）。

子吃蘋果，但小王子還是拿起一片蘋果皮來吃，結果他必須離開家，離開他的王國，而且失去神聖莊嚴的人類形體，變成一隻小野豬。他在森林裡甦醒過來，此地就像但丁的《神曲》[32]，是介於塵世與天堂之間的中界。他被一戶窮人家收養，但他並未完全失去對王室的記憶。後來他長成一隻成熟的野豬，希望娶國王的女兒為妻，而且他想重新跟自己的真實靈魂結合在一起。為了跟公主結婚，他完成了必須完成的任務，也證明了自己不平凡的出身——第一個晚上，他蓋了一座銀色城堡；第二個晚上，他蓋了一座金色城堡；第三個晚上，他在金銀城堡之間蓋了一座鑽石橋，因為童話故事中的人類經常在晚上從塵世的獸人形態中釋放出來：

> 「他的真我遍布於星辰，
> 他行走於日月星辰之間。」

除此之外，他們還會做許多在日常生活中從來不敢幻想的事。到了新婚之夜，公主發現小野豬是個真正的男人，因為他脫掉了野

32　譯注：義大利詩人但丁（Dante Alighieri）的經典《神曲》（*Divine Comedy*）以第一人稱記述自己35歲時誤入一座黑暗森林，並且被象徵貪婪、野心與安逸的三種猛獸攔住了去路，並在古羅馬詩人維吉爾（Publius Vergilius Maro）的靈魂帶領下脫困。

豬皮，變成了十分俊美的青年。隔天一早，他又跳進野豬皮裡，跟著豬群走入森林。青年懇求他的新娘不要說出自己的真實身分，要等待魔咒解除的那天到來，但公主沒有保持沉默和耐性，她向母親吐露心事，並且按照母親的建議，到了晚上把野豬皮扔進火裡，結果導致魔咒過早解除。童話故事有個細微的特點，那就是人類不可任意縮短自己在世間接受考驗的時間，必須留下必要的時間自我磨練，讓救贖的力量發揮效果。

於是，青年真正變成了魂魄，消失在「世界的盡頭」。他以錯誤的方式成為靈界的公民，而且必須娶世界盡頭的假公主為妻，他已經跟靈界建立了錯誤的關係。他在世間的真正妻子到處尋找他的下落，但都徒勞無功。她流浪了七年，穿破了七雙鞋與七件衣服，並且吃了七條麵包。後來她向自然元素和星星祈禱，得到了它們的善意協助。風載著她到月亮那裡，又從月亮之處到太陽那裡，然後太陽開著戰車載著她到晚星那裡。它們還送她禮物，太陽和月亮各送了一顆核桃，風給了她一隻小老鼠。晚星划著船載她橫渡大海來到世界的盡頭，她在那裡見到了自己的丈夫，但他不認識她，而且即將要跟假新娘舉行婚禮。她放棄了自然元素和星星送給她的一切——月亮的銀色衣裳、太陽的金色衣裳和晚星的耀眼衣裳，都從光芒四射核桃裡出現。最後，貧窮困頓的她終於成功喚醒丈夫（風送給她的小老鼠咬了一下他的耳朵），丈夫認出她來，於是兩個人一起返回

人世。晚星划著船載他們橫渡大海，守護著他們的神也賜給了他們一個孩子，他的額頭上有顆星星，眼睛就像月亮一樣明亮，頭髮也跟陽光一樣閃耀。這個聖嬰來自新郎的塵世靈魂，象徵了更高層次的自我。太陽開著戰車載他們到月亮那裡，月亮帶他們到風那裡，然後風載著他們回到人世。最後，丈夫接管了他所要統治的王國，當上了國王。

人類的演進、墮落、救贖、依靠宇宙作為天上的家、心魂不時從天界返回世間履行誓約——全都隱含在這個美妙的童話故事裡，並且透過它的意象閃耀著光芒。

在這裡，幻想發揮了創造力的作用，它塑造出來的內容揭露了客觀的智慧。當然，無法保有故事的每個特點，因為故事來自遙遠的過去，許多細節已經在演變過程中被改變或錯置。它也不是可以用理智來解釋的問題，那樣只會減損故事的繽紛光彩。

但教養者可以反覆沉浸在童話故事的畫面中，聽它們訴說祕密。當教養者對童話故事抱持愈具藝術性的態度、愈不需要解釋分析，故事就會講得愈好。童話故事的講述完全取決於講述者的立場和心境，孩子樂於跟隨講述者進入那些故事發生的靈域，如果講述者是個了解兒童本質的人，孩子就能區別精靈後母和人間後母。他們會明白接納心魂並脫離宇宙母親保護的精靈後母，必

定會落入塵世、踏上荊棘遍地的道路、經歷人間的各種不幸與痛苦；人間後母則可能成為最棒的母親，絲毫沒有精靈後母的那些特徵。此外，雖然孩子知道女巫不會出現在日常生活中，會說話的動物、魔法師、巨人和小矮人也是如此，但他們依然相信那些是「真實」的故事。因此，當人們把〈小紅帽〉這個故事改寫成大野狼既沒有吃掉奶奶，也沒有吃掉小紅帽，而是以令人崇敬的姿態與她們和獵人一起享用酒和蛋糕（就像某本英文兒童故事書裡的版本那樣），就完全誤解了童話故事和兒童的心魂，也徹底破壞了這則童話故事的深層意義，而那隻彬彬有禮跟人類一起用餐、不再凶殘討人厭的大野狼，只會變得荒謬而不可信。

當孩子開始質疑並問道：「這是真的嗎？」教養者就應該反省自己是否深刻了解隱含在故事裡的意義。健康的兒童會發自內心喜愛童話故事，因為他的本性與童話故事的特質相近，他的意識還不像大人那樣理智清晰。對大人來說，每個引發他們思考的事實，都必須經由感官知覺進行調整。兒童感官知覺的整個運作方式，則能讓他們理解被施予魔法的王子如何變成獅子，因為他們仍能透過某種方式察覺到一部分促使塵世生命成形的靈性，而且這種靈性在生命體內運作卻不會完全隱沒。兒童的內心對魔法有十足的理解力，他們不就經常覺得自己似乎被施了魔法，所以才脫離現實世界或它的起源嗎？

　　耀眼的金色、閃亮的銀色和一閃一閃的光芒，都給予天性靈敏的兒童留下深刻的印象，為什麼呢？因為他們可以從那些光芒中感受到自己隱約記得的那個真正家園，而這樣隱約的記憶也閃耀在鑲嵌畫和古老畫作的金色背景中。童話故事充滿了這種圖像記憶，兒童的心魂也如夢似幻的沉浸在童話故事裡，這就是他們屬於彼此的原因。

CHAPTER 5

生命中的節奏，
以及四季與節日生活
的重要性

孩子是大自然的一部分，
他們的身心跟隨著四季的節奏行走與成長，
規律的日常生活與固定的節日，
都是孩子健康的心魂養分。

「節奏」（rhythm）是世上所有生命的基本要素。我們可以從植物隨著一年四季生長衰老的過程中觀察到節奏；植物的生長經由有節奏的擴展和收縮來進行：萼片、花萼、花瓣和雄蕊的排列數目都有節奏。我們可以從動物和人類有機體的結構中觀察到節奏，人體的樂器性結構比例令我們感到驚歎：肩胛骨、上臂、前臂和手部關節彼此之間都以規律且數目精確的比例產生關連。此外，我們知道所有的有機過程都有節奏，它們遵循晝夜和四季的節奏。不過人類已經學會部分抽離這種節奏——這是真的，人們可以在白天睡覺、在晚上起床，不按時用餐，夏天待在室內，冬天到戶外活動。

兒童無法做到相同的程度，他們需要且渴望節奏。他們的有機體總是想要按時吃飯、按時起床、按時睡覺。日常生活作息愈能依循規律的節奏進行，他們就會愈健康。但是兒童的心魂生命與有機生命緊密相連，因此他們需要教養者規律的提供心魂養分，按照一天的節奏來安排學習與遊戲。教養者能否認識到這一點並採取行動，是極為重要的關鍵。氣氛祥和、井然有序的家庭能讓所有影響孩子的生命節奏規律進行，在這種環境下長大的孩子就是幸運兒。**所有的任性善變都會擾亂兒童從有機生命發展出心魂生命的微妙過程，所有不流於迂腐的條理秩序，則能促進心魂生命的發展**，因此每天交代孩子做些簡單的工作，例如打掃、

澆花、擦鞋、拆床單等等，可以幫助他們培養意志力。但是這些任務應該盡可能在每天同一時間進行，沒有什麼比大人的變化無常更令孩子感到混亂緊張，例如孩子原本全神貫注的在玩耍，卻突然被媽媽叫去做一件她剛剛想起來的事。家事也是如此，如果大人為此安排一個固定時段，只在有急迫需要時才加以調整，那麼孩子就會習慣按時做家事。如果大人任由孩子自己決定何時做家事，今天在這個時候、明天在那個時候，只因大人無法井然有序的管理家務並安排時間，那麼孩子就會帶著怨言和不情願的心態去做，甚至不擇手段的逃避責任。所有小任務都應該在一天當中有自己的固定時段，其他日常作息像是起床、刷牙、洗臉、梳頭、吃三餐、吃點心也應該如此。

遺憾的是，今日的工業及工作條件不容易讓家庭日常生活成為天空的倒影來反映星星、月亮、太陽的規律起落。人類心魂是憑著多大的把握、多深厚的信任才能夠依賴恆星在宇宙裡的運行節奏，如果有一天太陽比正常時間早半小時或晚半小時升起，人類會感到多麼瘋狂恐怖，這是難以想像的事！兒童也充滿深厚的信任，當他們能夠把依賴健康的日常生活秩序視為理所當然，那份信任感就會成為他們的可靠支柱。這是培養良好習慣的時機，這些習慣只能在兒童期培養，而且會成為長大以後自由展現道德生活的基礎。我們大可不必說這裡不存在迂腐的問題；迂腐是兒

童教育最糟糕的敵人，因此應該被完全驅逐。

清醒與睡眠，
是心魂來回靈性世界與塵世的通道

　　我們也必須在日常作息中找到固定時段，將兒童的心魂提升到日常事務之上，並導向更高層次的靈性生命。睡與醒在這方面具有最重大的意義，它們是讓心魂每天晚上進入靈性世界、每天早上回到塵世的通道。兒童就寢的方式也非常重要，大肆嬉鬧或打枕頭仗肯定不是恰當的睡前儀式；另一方面，一個童話故事或傳說、一個令人深思但不說教的寓言故事、一首歌、一段輕柔的旋律、一句讓孩子的心魂與靈性存有結合的禱告，都能以富有意義且健康的方式帶領孩子進入夢鄉。如果孩子比較多，大家可以一起回顧當天發生的事並發表感想，同樣不要說教，而要以認真、同情的心態回想一天當中所有好事與壞事。遇到行為不當的問題時，大人應該先弄清楚孩子是不是因為某些能力還沒有發展好，才會無法達成某些要求，而在這種情況下，教養者絕不能責罵或處罰，應該要為孩子加油打氣。如果真的是因為孩子很調皮（這大多意味著孩子「弄丟了腦袋」所以才做出錯誤的行為），等到他一

個人獨處、腦袋比較清楚了，可能就會覺得良心不安。在這種情況下，處罰可以發揮喚醒意識的作用。任何處罰都應該只有一個目標，那就是：喚醒孩子的意識、防止他們陷入部分「無知覺」的狀態而做出不當行為（如果孩子真的是故意搗蛋，必定要由極不諒解且無情的大人處置）。

所有道德生活事件最好透過機智的方式在晚上討論，因為這時孩子的內心平靜且接受度高。對於經常覺得自己很難有良好表現的孩子，利用晚上的時間帶他們回顧當天做得好的部分是有益健康的；任何令他們自己滿意也讓教養者開心的良好行為都可以談論，至少要避免提到他們做錯的事。然後，教養者可以在隔天早上指出孩子前一天哪裡做得不好，或者指出他的調皮行為。這要透過對孩子有益的正向方式來進行，好讓孩子前一天的記憶匯流到他的能力和對未來所下的決心，這種想要變好的心態在早上特別活躍。因此孩子在早晨醒來或者被親切的喚醒之後，應該藉由某種形式的禱告開啟新的一天。

簡單的餐前感恩禱詞，
就能帶給心魂感激與愉快的情緒

　　午餐在一天當中扮演非常重要的角色，這是家中成員聚在一起用餐的時刻。德國詩人諾瓦利斯（Novalis）說：「吃是一種交融。」人類與自然界賜予的食物交融結合才能維持生命。此時唸一段感恩禱詞可以讓大家想起這些關聯以及它們背後的靈性意義，也帶給心魂一種感恩及愉快的情緒。正如所有宗教本質的活動一樣，要運用真正的宗教儀式意象、文字和語調，且必須完全屏除多愁善感的主觀情緒。我們要在這裡引用史代納博士的一首詩，它很適合作為餐前禱詞之用：

>「種子在大地的黑暗裡復甦，
>
>　草葉透過空氣的力量萌芽，
>
>　果實憑藉太陽的威力成熟。

>「心魂在心之殿堂中復甦，
>
>　靈力在世間之光中成長，

人的力量在神之榮耀中成熟[33]。」

還有 17 世紀德國天主教神父安格魯斯・西里修斯（Angelus Silesius）的詩句：

「不是麵包在滋養我們，

我們從麵包裡得到的滋養是

神的永恆之光，是生命和靈性。」[34]

33　出自史代納博士的《真言集》（*Wahrspruchworte*）：

Es keimen die Pflanzen in der Erde Nacht,
Es sprossen die Kräuter durch der Luft Gewalt,
Es reifen die Früchte durch der Sonne Macht.

So keimet die Seele in des Herzens Schrein,
So sprosset des Geistes Macht in Licht der Welt,
So reifet des Menschen Kraft in Gottes Schein.

34　史代納博士強調，唸感恩禱詞的語氣不可沉重嚴肅，要輕鬆優雅。

Das Brot ernährt uns nicht, was uns in Brote speist
In Gottes ew'ges Licht, ist Leben und ist Geist.

休息日的時光，
可以喚起工作日所需要的想像力與沉穩心境

生活在基督教國家的人不一定明白星期日對整體生命的特殊意義。一星期中有六個日子彼此接續，全都獻給人類用來維持日常生計與工作，然後它們的平穩更迭被性質迥異的第七天給打斷。暫且不論星期日在宗教層面上的意義，光是憑著讓人跳脫日常生活模式，帶來另一種情緒以及另一種體會其他六天的方式，就足以讓星期日成為人類之福。有一點生活經驗的人都知道，假日之所以有休閒的功用，並不是因為我們什麼事都不做，而是因為我們會去做與平常工作完全不同的事。從事藝術活動如繪畫、音樂或優律思美，會為一個不得不整天坐在辦公室裡打字的人重振活力；讀一本科學書籍或研究某個科學分支領域，能讓一個職業音樂家感覺精神煥發。**如果我們把休閒時間用在與平日事務完全不同的事情上，就能帶著復甦的精力重新面對需要用想像力和沉穩心境應付的日常工作**，而這都有賴於星期日的無量眷顧。

因此，人們也應該喚醒兒童對於星期日的清楚認知，而不是把他們送去教堂而已。這樣做對孩子的心魂只會帶來益處（而且肯定會帶來極大的益處），無論在面對教堂裡的某個宗教儀式，還是注視著某個用影像、文字和語調提升靈性層次的儀式時。但是

兒童不應被迫聆聽思考性、分析性或教條式的布道內容，由於兒童多半無法專心聆聽，對他們來說，那只不過是浪費時間。無數來自幼年記憶的例子都已證明「兒童渴望體驗超感知事物透過儀式所展現的意象」，而無法以一般方式得到這種體驗的孩子，會為自己建立某種敬拜形式。兒時的歌德就是一個例子，他在《詩與真實》（*Dichtung und Wahrheit*）一書中廣為人知的一段敘述裡提到，他想要接近自然之神，於是就把父親一個形似金字塔的紅漆金花樂譜架當作自己的聖壇，在四面的架子上擺滿美麗的自然礦石，並且在第一道曙光升起時用放大鏡點著聖壇頂層瓷盤裡的錐香，讓裊裊香雲飄向天空，然後對著創造天地萬物的天父祈禱。由於神的力量在兒童身體的塑造過程中發揮作用，所以兒童的心智是最能了解祂的。

因此，當兒童的成長環境缺少宗教信仰或者對宗教漠不關心，他可能會找個樹洞或牆穴，把它打造成一座自然聖殿，在裡頭擺放晶瑩的寶石、花朵、小照片、金屬亮片或銀箔、任何閃閃發亮的物體。他可能會在一張紙上寫下自己印象深刻的話或感到神聖的詩句，然後把它捲好，跟最心愛的物品一起藏在洞穴深處。兒童嚮往在一個不同於塵世生活的環境裡運用想像力來表達前世的隱祕渴望和短暫模糊的記憶，因此他們會為自己的敬拜儀式創造出某些東西，而且這種情況比人們想像的還要常見。

有個小男孩成長在宗教都以偽知識主義及濫情樣貌展現的環境中。除了「神創造天地」這句至理名言以外，他所要崇拜的靈魂，其神性幾乎與跟他深深連結的大自然完全隔絕，沒有人說明神如何在大自然中示現，因此他對神的認知只局限在狹隘的靈魂層面。他暗中製造自己渴求的養分，不讓大人知道。他在森林裡找到一個冷杉樹洞，然後在一張紙上寫下一段自己看過最神聖的話，再小心翼翼的把紙條藏進洞裡。每當他能逃離大人的注意，他就會來到樹洞前跪下祈禱，讓自己的心得到鼓勵。復活節清晨，天色還沒亮，他走到草地上仰望天上泛著玫瑰紅色的小羊雲朵。在復活節當天，也就是星期日的黎明時刻，天空看起來特別美麗，而且隱藏了豐富的意義。他站在一條清澈的小溪旁，未起任何念頭，只感覺復活之主的復甦力量展現在潺潺流水、嬌柔花朵、涼爽晨風、灰白天空、蓬鬆雲團和旭日光芒之中。他感受之深刻，無以計量。他以為耶穌受難日只能有壞天氣，至少他自己的短暫經驗是如此；當救世主在接近正午時分低下頭說：「完成了！」天空勢必變暗或下起雨來。有個問題讓他愈來愈困惑，那就是他從大自然中深刻且強烈感受到的那個神聖存在，究竟跟他內在良知裡的那位神有什麼關係，究竟它跟大人們在古老詩歌與禱告詞裡（尤其在遭遇困難需要幫助時）呼求的那位神有什麼關係。令他感到幸福喜悅的是能夠溜進一間開放的教堂——偷偷進去，

因為大人不會允許——然後靜靜的站在裡面，聞聞裊裊熏香的氣味、驚奇的凝望永恆之光、從遠處觀看祭壇上難以理解而神祕的大彌撒（High Mass），這裡有畫面也有儀式。如果這個孩子在家中就培養了宗教生活的想像力，就不會以這種形式來尋找它們。

語言學家卡爾・尤里尤斯・施羅爾（Karl Julius Schröer, 1825 – 1900）[35] 的母親泰瑞莎・施羅爾（Teresa Schröer）曾經寫信給一位年輕朋友，她在信中描述了兒童教育以及自己第一次如何與孩子分享〈耶穌受難〉的故事——不是在家中房間，也不是在爸爸教導信仰觀念的時候（他們已經共同討論過這方面的事），而是帶孩子們到大自然裡，走過一段「苦路」（stations of the cross）到山上的一間小禮拜堂。這條苦路以動人而原始的藝術陳設重現耶穌的受難事件，包括釘十字架、入葬和復活。孩子親眼見到自己的媽媽虔誠的描述這段故事，內心深受感動，也留下一段難忘的經驗。施羅爾太太以純粹原始的母親本能在孩子心中播下種子，而這粒種子將來會生成一股宗教性的理解力量。

擺放在兒童房間裡的圖片對他們的心魂福祉也相當重要。一幅精緻的〈西斯汀聖母〉（Sistine Madonna）複製畫就十分適合擺在兒童的房間裡當作裝飾品，畫中的聖母在可愛小天使的仰望下

35　史代納博士的老師。

抱著聖子降臨人間，彷彿他們希望為聖子送別，從天堂一路護送
祂來到塵世。這樣的圖片可以讓兒童跟圍繞在他們身邊的神和自
己真正的家園保持連結，而不會有被神遺棄在人間的感覺，大人
也無須多作解釋。

四季節慶：
讓兒童跟隨著大自然的節奏，跟著四季而成長

　　兒童以純真而直接的方式經歷一整年的時間流轉，他們整個
身心都跟隨它的節奏來走。由於兒童是大自然的一部分，因此這
種與大自然共享的經驗不宜有過多的意識介入，以免擾亂孩子的
身體與精神生命在四季中運作的各種力量。但節慶是一年中的亮
點，就像花環上的花朵，對兒童來說相當容易理解，而且各有不
同的特色。

聖誕節：
利用藝術形式，體會人類史上最深奧且神祕的事件

　　聖誕節是兒童最容易理解的節日，其象徵物能告訴他們許多

事情。首先，將臨期（Advent）可以帶來非常真實而強烈的經驗。當陰暗多霧、令人心情沉重的 11 月進入尾聲，迎來將臨期的第一個星期日，人們會在將臨環或將臨樹的中央點燃第一根蠟燭，然後每星期日增加一根，直到聖誕夜點亮聖誕樹為止[36]。這個節期能充分展現嬰孩基督為世間帶來光明、趕走黑暗的意象，也能讓兒童參與其中，這多麼符合他們活潑愛動的天性！孩子不僅可以用畫畫、鉤針編織、棒針編織等方式來設計小禮物，更重要的是他們可以協助製作耶穌降生的馬槽、參與聖誕夜的準備工作。即使在 4、5 歲的年紀，也能從樹林或花園裡撿拾樹枝、樹皮、石頭、青苔和沙子，打造馬槽周遭的景色。他們還可以用蜜蠟土捏塑物體，或者用廢材料替木偶裝扮。這個設計馬槽的工作可以為將臨期營造一股祥和的氣氛，因為當孩子的手變得忙碌，他們的心就會安靜下來接納聖誕節的奧祕，而孩子也會驚喜的發現奇蹟在自己手中成形。等聖誕夜到來，藏在聖誕樹樹枝底下的神聖奧祕會被燈光點亮，以原始而動人的方式展現在孩子眼前。

　　大人不應該讓一成不變的傳統習俗過度影響生活，但**對於仍然受到其他力量支配的兒童來說，傳統習俗可以在生活中發揮健**

36　中歐地區的習俗是在松枝花環的中央點燃四根蠟燭，作為將臨期各週的標記。人們會在第一個星期日點燃第一根蠟燭，然後每星期日增加一根，直到最後一週四根蠟燭都點燃為止。人們通常會在聖誕夜贈送禮物。

康、有益的作用。每年都用相同的象徵物來慶祝聖誕節，例如每年聖誕夜在同一個時間以相同方式裝飾聖誕樹、唱相同的歌、傳相同的福音，能讓兒童的心魂感到滿足。大人可以從童年聖誕季的回憶中得到強大的力量，而且隨著時間的推移，這些回憶會散發光芒，因為每年都會為相同經驗帶來新的感受。

沒有人想要剝奪兒童從聖誕禮物中得到的快樂，但這不應完全逾越聖誕節本身的意義。若要避免這種問題，大人可以在將臨期的每個晚上伴著將臨環的燭光與孩子一起輕聲吟唱聖誕頌歌（不必每次都把所有的歌唱完），或者為孩子講述某個傳說，例如《次經書卷》裡的耶穌童年故事、聖克里斯多福的傳說，或富有聖誕節氣氛的故事[37]。年紀較大的孩子還可以聆聽關於救世主即將到來的美好預言，不只是《舊約聖經》裡的預言，也包括出現在基督誕生之前的所有靈性啟示，例如《吠陀經》和《波斯古經》裡的內容。

大人也可以講述巴德爾（Baldur）的故事，日耳曼及北歐人民都渴望這位光明之神從冥界復活。如果能運用想像力彙集全世界跟基督降生有關的事件，孩子就會發現，在聖誕夜送禮之前先舉

37　例如賽爾瑪‧拉格洛芙（Selma Lagerlof）所著的《基督傳奇》（*Christ Legends*）。

行簡短的慶祝儀式是再自然不過的事，而且這才是聖誕夜的重點。遺憾的是，當父母過度忙於準備禮物，聖誕節的意義就完全消失了，或者僅變成了襯托。

　　古老聖誕劇表演可以為兒童帶來最美好的聖誕節體驗，無論親身參與或單純觀賞都是如此，這也是為什麼史代納博士的老師卡爾‧尤里尤斯‧施羅爾在古老的歐伯魯佛劇（Oberufer Plays）消失之前搶救它們的原因。歐伯魯佛劇包括〈天堂劇〉、〈牧羊人劇〉（或〈耶穌降生劇〉）和〈東方三博士劇〉三部曲，幾十年來，它們在瑞士多納赫（Dornach）的歌德館（Goetheanum）上演，歌德館以前的舞台總監就是史代納博士。史代納學校的老師每年也為學生表演這些劇目當作聖誕禮物[38]。

　　中世紀時，聖誕節活動能讓無法讀《聖經》的民眾充分透過圖像、儀式和音樂參與其中，而且起初以相當簡單的形式進行，例如在教堂裡擺放一個嬰兒床造型的搖籃，由兩位分別代表瑪利亞與約瑟的牧師搖晃它，所有受虔誠心念驅使來到教堂的俗眾，也可以靠近搖籃並跪下來搖晃它，透過這個舉動表示對聖子的呵護：

38　許多英語學校也是如此，他們的劇本來自魯道夫‧史代納出版社（Rudolf Steiner Press）發行的英譯本。

讓我們輕搖這個嬰孩，

讓我們跪在他的搖籃邊，

讓我們為他獻上祝福。[39]

　　牧師會闡釋這個簡單而虔敬的舉動，然後教堂依照《馬太福音》的描述以盛大的儀式詳盡呈現耶穌降生的故事，信眾也根據《路加福音》編寫這個神聖的故事，以簡單而虔敬的方式演出。在歐伯魯佛（Oberufer）這個中歐村莊，每當冬季降臨，守護聖誕劇傳統的主事者就會召集村民確認各自負責的部分，並且進行嚴謹的排練。歐伯魯佛聖誕劇包括了強調神職人員角色的〈東方三博士劇〉、以俗眾為主要訴求的〈牧羊人劇〉，以及用鮮明動人的方式描述人類墮落起源的〈天堂劇〉，而〈天堂劇〉以往都在12月24日也就是亞當與夏娃日演出。這些聖誕劇具備了宗教劇供兒童欣賞所需的所有要素，它們的表現形式具有深刻的含意和真正的藝術性，卻又相當簡單，能讓孩子擁有最自由的想像空

39　德文原文為：

Laszt uns das Kindlein wiegen,
Die Knie zum Kripelein biegen,
Das kindelein
Gebenedein.

間，而且它們營造的虔敬感沒有感傷，而是最貼近孩子的感受。劇中也有穿插歌曲，除了強化故事氛圍，也能消除孩子觀賞深刻動人情節時產生的緊張情緒，讓他們有喘息的空間。那些歌曲都讓孩子留下深刻的印象，即使在夏天，人們也經常聽到他們吟唱那些歌曲。孩子還喜歡模仿劇中角色，而且時常用最可愛的方式將角色融入自己的遊戲裡。善良的牧羊人帶來的幽默元素可以緩和劇中一些可能讓孩子難以承受的強烈印象，就連魔鬼也有滑稽逗趣的時刻，因而減輕了其惡行可能引發的恐懼感。當孩子年復一年的透過原始、童真的藝術形式體悟人類史上最深奧且神祕的事件，他們會獲得一種人生心境，而且這種心境在日後將不會被單調乏味的物質主義，或者狹隘、教條式、欠缺包容的宗教狂熱所驅散。**真正的藝術作品不管再怎麼原始，都能使心魂獲得自由；它不是施以約束，而是給予薰陶。**

其他宗教節日：崇敬低沉的語調或如朝聖般的緩慢步伐，比任何解釋都要強而有力

聖誕節以外的其他基督教節日無法以同樣的方式讓幼兒深刻的了解，在春天萬物生、大自然百花開時舉辦的復活節和聖靈降

臨節（Whistuntide）[40] 比較接近幼兒的樣貌。在復活節找彩蛋、在聖靈降臨節用花朵和樺樹枝條裝飾屋子，都能引發幼兒的幸福愉悅感。耶穌受難的圖片應該等孩子大一點（快滿 9 歲時）再給他們看，而且一開始必須採取非常溫和、崇敬的方式。這意味著孩子這時候已經具備一定的成熟度，而更進一步假定他們不再放棄任何肉體生命建構力的渴望，並且開始隱約感受到自我從他所處的環境中脫離，成為獨立的個體與環境抗衡。唯有到那個時候，孩子才能同情別人的心魂，才能開始稍微理解別人的痛苦和征服自我之道。也唯有到那個時候，孩子才有可能進一步認識復活節這個關於死而復生 [41] 的節日。

對著夏至星空熊熊燃燒的營火，最能展現人們對夏日生活的心悅誠服。宗教教育的責任之一，是讓兒童不僅體驗日出日落，也體驗夜晚的奧妙。但大人必須擁有非常細膩的情感，因為他們與大自然之間的關係是截然不同的──就像戀人渴慕那個與他斷

40　譯注：復活節後的第七個星期日，紀念聖靈降臨在基督門徒身上。
41　英文版譯注：Stirb und Werde。引用自歌德《西東詩集》（*West–östlicher Divan*）裡的詩句：

> 如果你不曾有過（Und wenn du das nicht hast）
> 這種死而復生的經驗，（Dieses Stirb und Werde, ）
> 你只是個可憐的過客（Bist du nur ein trüber Gast）
> 在這陰暗的凡間。（Auf der dunklen Erde. ）

絕往來的對象，想盡辦法要找到她並與她復合。大人起初是從外部來看待自然現象，必須透過內在練習和活躍的心魂力量，才能奮力深入自然現象的靈性背景。兒童則是不知不覺的與這種靈性背景共處，因此大人對自然界的渴慕對他們來說是很陌生的。兒童不從外部看待自然現象，而是受到自然現象的激發，展現活潑的行動並且融入到自身力量的運作之中，但這不妨礙他們在大自然的編織力量裡安靜沉思的能力。此時老師要開始溫和引導兒童察覺外在環境，幫助他們做好準備，等到與環境脫離的時刻無可避免的到來時（大約從9歲開始），就不會引發巨大而痛苦的隔閡，而會有充足的力量彌補鴻溝，重新與環境結合。

　　如同之前所說的，教養者唯有運用道德想像力才能教導幼兒認識大自然，這同樣適用於宗教教育。假設你即將首次向孩子介紹燦爛的星空，也許在象徵勝利的獵戶座從東南方升起、天狼星在它下方閃著奇妙藍光的某個冬夜。或者你曾經在破例允許孩子通宵不睡的某個漫長夏夜裡，帶他來到戶外，讓他在清朗無月的暗黑穹蒼或亮白銀河底下仰望高掛在天琴座上的織女星，或教他認識大熊座和其他可清楚辨識的星座。最重要的是，教養者應該自己去感受這些壯觀的自然現象在每個開闊的心中所喚起的崇敬與虔誠，而且最好不要多作解釋，只要透過崇敬低沉的語調或者如朝聖般的緩慢步伐來表達真誠的感受，就能發揮比任何話語或

解釋更強大的作用。是的，**讓孩子看見教養者在大自然裡充滿驚歡並沉默良久，對他們的整體生命來說具有重要的意義**——不只在星空下，還有在樹林裡，或者在成熟的麥田邊漫步時。沒有人希望把這種沉默加諸在孩子身上，但是老師可以把許多無法言喻的東西傳給孩子，使之成為孩子一輩子的習慣。大人應該不時的讓孩子在靜默中傾聽大自然而不喧嚷吵鬧（前提是不用強迫就能做到），舉例來說，一個人除非學會保持沉默、安靜的看、用難以察覺的方式移動，否則不可能在樹林裡觀察動物的生活。當然，在其他時刻，孩子可以在樹林裡又跑又叫的玩遊戲——誰會否定這一點呢？但是另一種心境將會滋養他們的宗教生活，教導他們感受天使力量在自然界裡的運作，並且帶他們重新回到神聖力量的懷抱。

如果孩子在半覺醒的意識狀態下感受夏天，把自己完全交給大自然，那麼秋天的到來可以讓他再度覺醒。有個古老節慶能迎來覺醒的意識，那就是現今已從大多數基督教社區中消失的米迦勒節（Michaelmas），這個節日（實際日期是 9 月 29 日）可以為青少年帶來豐富的內在經驗。幼小的孩子都知道英雄戰勝惡龍解救公主的故事，例如格林兄弟以巧妙的語言所講述的〈兩兄弟〉（The Two Brothers）。年紀大一點的孩子則或許已聽過傳說中奮勇屠龍的聖喬治（Saint George），也就是可以跟大天使聖米迦勒（Archangel

Michael）相提並論的世間人物。他是男孩嚮往的英雄，他們渴望擁有聖喬治使用的盾牌和寶劍——他們會用木頭來製作——然後去降服惡龍、巨人和其他怪物。亞瑟王的圓桌武士也發動過這樣的戰役，其他出現在故事、傳說和神話裡的武士也是如此。那些察覺到內在的惡龍力量而需要戰勝並轉化的青少年，將會謹記這個傳說故事的深遠意義，因此降龍者聖米迦勒可以成為對他們有益的典範。不過，所有教養者都應該極為謹慎的避免在這個年紀的孩子面前褒揚這種典範或強加在孩子身上，即使只是暫時性的，這只會引發反效果和反感。因此，更重要的是把在初秋慶祝米迦勒節變成一項慣例（看起來就不像是刻意去做）。到那時，夜幕提早降臨，薄霧籠罩清晨的大地並在中午以前隨著陽光的照耀而散去，讓蔚藍的晴光灑落下來。到了晚上，孩子可以唱米迦勒的歌，搭配充滿力量的歌詞和音樂。例如我們的老祖先在上戰場時所唱的古老歌曲：

喔，所向無敵的神之戰士，

聖米迦勒，

來幫助我們，

跟我們上戰場！

讓我們戰鬥，

把敵人打跑，

聖米迦勒！[42]

　　或者這首源自我們的當代精神，由弗里茨‧雷莫梅爾（Fritz Lemmermayer）所寫的歌：

讓我成為神之戰士

充滿聖杯騎士精神，

聽從內心的渴望，

做出自由的選擇。

大天使，在神的寶座前，

別讓我手無寸鐵；

請在惡龍激戰中賜予我

你那神聖的米迦勒劍。[43]

　　然後大人可以講述米迦勒的傳奇故事，這些故事在民間有許多版本，或者展示一件以優美、富有力量，且呈現米迦勒屠龍的藝術作品（羅馬式雕像或杜勒、拉斐爾等畫家的畫作），讓孩子做好準備，邁進黑暗的 11 月、迎接光明的將臨節和聖誕節，經歷一年四季的完整循環。

最深化的教育，
來自引導孩子產生某種深刻印象

　　關於教育，最重要的一點就是認識到最深入的教化不是來自

43　德文原文為：

> Lass mich ein Streiter Gottes sein
> in der Ritterschaft des Gral,
> Nach meines Herzens tiefem Drang,
> nach meiner freien Wahl.
>
> Erzengel, du vor Gottes Thron,
> lass mich nicht unbewehrt;
> Reich mir zum heissen Drachenkampf
> Dein heilig' Michael-Schwert.

言語、教導、告誡，而是來自引導孩子產生某種印象，然後我們靜靜的旁觀。這不是在提倡被動態度，但教育活動本身應該引導孩子接受深刻的印象（當然不是每一次，而是在某些關鍵時刻）。指導和帶領十分重要；告誡的重要性則是微乎其微。

　　讓我們回到先前提到的〈牧羊人劇〉，它代表著什麼？在最神聖與純粹的意義上來說就是成孕（天使報喜）與降生。青少年經常面對這些過程，且最初往往是同儕以某種憤世嫉俗、令人反感和極為傷人的行為策動他，或者當大人以抽象的科學名詞，或用感傷濫情來掩飾這段奧祕的實際過程時，而這兩種情況都是虛假而有害的。因為解釋本身只顧及奧祕事物裡可見與可感知的部分，缺乏任何靈性知識。孩子最想知道的是自我與心魂從何而來，其次才是肉體存在的原因。所以如果大人只是揭露這些原因，沒有運用想像力向孩子展現來自前世與天國的靈性起源來豐富他們的心魂，那麼就會奪走他們的心魂力量，導致他們在日後有強烈的失落感。

　　《福音書》裡的耶穌降生故事，把嬰孩耶穌在天國與塵世的出身絕妙交織在一起，古老的耶穌降生劇展現出這一點，而且它的簡單與純粹無法被超越。如果青春期孩子有幸可以年復一年的觀賞這個戲劇表演——其潛藏的種子力量沒有被任何口頭解釋干擾——那麼他對人經由這個過程來到世上的看法，一定會深受影

響。或許這個年輕人要到日後才會充分感受到這種影響，而且他為了自我的純粹性必須經歷許多掙扎和奮鬥，但是他曾經看過的那些影像將會烙印在心魂深處並帶來療癒和幫助。大天使米迦勒與惡龍搏鬥並轉惡為善的畫面，以及老師為孩子準備並展示的那些富有想像力的自然、歷史或藝術圖像（不加入任何抽象的評論），也具有同樣的作用。

宗教教育不必只從《聖經》裡汲取活躍的形構力——這種狹隘的眼界會使宗教教育受到阻礙——它可以從世上的每個現象當中汲取靈感。所有源於真實宗教感受的神話、傳說或傳奇故事；所有存在於前基督教和後基督教時代的真實藝術作品，無不具有宗教薰陶的力量。它們的起源來自與靈性世界的交融，而這種交融隨著人們意識形態的轉變，在不同時代有不同的樣貌。由於宗教教育的任務，是使人認識自己和所生存的世界的神聖起源——以便指引道路，或者與自己的生命起源力量重新結合，讓神聖的起源透過他來流動，因此他可以在自己的行動上，以及在為自己與他人的生活安排上，都遵循這股起源之力——因此不能太廣泛、太全面、太深奧。

宗教教育者必須知道一個祕密，那就是任何在思想上和教理上以抽象話語呈現的僵化陳述，都會導致孩子的心魂沒有成長的空間，使之遭到束縛、限制與扼殺，因此以這種方式傳達的宗教

訊息會引起孩子的反感。孩子不斷在成長變化，所以他們必須吸收的訊息不可刻板僵化，而要能持續擴展並隨著活躍的形構力量流動。如果宗教教義活在教育者運用自我想像力所構成的畫面中，它將會在孩子心中播下肥沃的種子，這是它的任務，而那些種子也會隨著每個人的情況成長茁壯、開花結果。形塑個人的人生哲學和宗教觀點比其他領域更加需要自由空間，在靈性生命中，強迫是無法忍受的事，如果宗教教育以某個方向壓迫一個孩子，他長大以後可能會基於單純想要獲得自由的衝動，從反方向去對抗，這類例子不勝枚舉。如果孩子得到適當的滋養而非遭到強迫，那麼日後他們的心魂將會擁有探究與辨別的能力，而且會以合乎本性及發展階段的方式，透過自己的推理與洞見找到世界的靈性基礎。

CHAPTER
6

真正的教育，來自教育者在生命裡成為的樣子

秉持原則，絕不呈現連自己都感到乏味的東西，
當我們親自體會要讓學生驚嘆的教學內容，
才能真正感受到學生學習的喜悅。

人與人之間存在著最多元的關係：朋友關係、仇敵關係、精神上的親密關係、血緣關係、同性之間和異性之間的關係、同齡之間和不同年齡之間的關係。它們全都由命運決定，也會反過來決定命運。它們神祕又費解，無論多麼司空見慣和不愉快，都可能會在某些情況下發生。

因此，一個大人與一個孩子之間的關係也交織著深刻的命運連結，並且受其影響，不管那個孩子是他的血親、養子還是學生。

當孩子的心魂經由父母開啟的大門，進入他在死後重生階段為了靈性目的所選擇的塵世生命，它就已經依附於父母，因為他渴望與父母的特質結合，不僅成為一個個體，而且成為一個家庭、民族或種族的成員，並且在人生的第一階段把自己託付給他們撫養和教導。因此，史代納博士曾經依據其靈性研究表示，**並不是父母先愛孩子，而是孩子的愛先從靈性世界接觸到父母**。當父母不僅注重遺傳之流，而且明白有個人類靈魂在出生前就找到他們，並使他們結合，因為它希望進入這個遺傳之流，並在他們的帶領下展開新生命，那麼最美妙的親密關係就會誕生。這種領悟可以明顯提升父母的責任感，同時破除一種錯誤觀念，那就是以為孩子屬於父母，所以父母可以按照自己的意思塑造孩子、對孩子做出他們想做的事。父母也會傾聽並留意孩子最深處的生命希望如何受教養——在較深的層面而不是表面上，否則他們將不

得不屈服於每個幼稚的情緒，最後乾脆放棄教育的任務，儘管教育和生活上的正確引導才是孩子真正需要的：孩子起先會希望模仿父母，換牙之後希望感覺父母有管教自己的權力，過了青春期以後則希望把父母當作榜樣，並在現實生活中像他們那樣待人處事與工作。

　　有的時候，人們會諷刺的反駁：「如果是這樣的話，那許多孩子都沒有很謹慎的選擇自己的父母。」首先，投胎轉世是個困難的過程，在現今這樣的世道，靈魂經常難以找到合適的入世條件，但主要是當孩子在選擇父母時，他也在尋找自己的命運──因為必須在特定家庭環境裡度過前兩個七年週期（人生的前十四年），而將降臨在他身上的命運。當然，這不代表我們不該在有必要且有可能的情況下幫助孩子脫離不幸的家庭環境。為了自我安慰而認為是孩子自己在出生前選擇投胎到可憐甚至可怕的家庭，是極不負責的態度，倒不如說孩子命中注定會有善良體諒的人幫助他們脫離不幸的遭遇！事實上，人們經常驚訝而欣慰的發現，當那些不被家人接納、遭到虐待或父母感情失和的孩子在某人的幫助離開家庭，進入和睦且能得到關愛的新環境之後，很快就能健康的成長茁壯。無疑的，沒有人會輕率而不負責任的把孩子從他自己選擇出生的環境中抽離。

　　遺憾的是，受到過去幾百年智性發展的影響，如今就連可能

充滿奇蹟的師生關係也無法再讓人感受到其深刻與美好。是的，對兒童來說，學校老師往往面目可憎，無論如何就是令人害怕，或者乏味得無可救藥以至於令人生厭，即使在今日也是如此。至於老師，他們也經常把孩子視為一群可怕的野蠻人。也許他們能跟某個孩子單獨交談，維持一種尚可忍受甚至令人滿意的師生關係，但是全班成員所呈現出來的這個群體，經常讓老師意識到一種憎惡感——儘管老師或許不願意承認，但是它確實存在且有其影響。看看全班學生對老師懷有敵意的情形發生得多麼頻繁！有多少人依然會驚恐的夢到在學校裡的日子！但是對某些老師來說，面對一整班難以管教的孩子，也一直是他們揮之不去的夢魘。

　　有位性格溫和且開朗的 15 歲少年，讀過一所久負盛名的男生寄宿學校。有人曾經問起他的德文老師，那是一位有修養、極有人情味而且可愛的人，但是少年卻極為冷漠的把問題拋在一旁，而且淡淡的說：「對我們來說，老師就只是老師而已。」這代表了無論老師為人有多好，都不會影響其教學，老師在學校裡永遠是「敵人」。這種常見狀況與其說是老師或學生的個性所致，倒不如說是教學方式所致。**大人用智性、非藝術性的方式教授「適合兒童」的通俗化知識，不但令孩子感到陌生，而且對身心**

都有害。雖然教師培訓課程[44]確實能給予學生正確而豐富的知識，但那些知識無法讓他們成為創造者和創作者──能夠自由發揮創造力，把藝術活動表現在教育及教學上的人。

教育者的「本質」，
才是能影響孩子、真正的「教育」

　　人們可能會問，當老師面對學生時，究竟是什麼東西讓彼此對立？我們可以如同看見橫剖面一樣，看到一段介於過去與未來，祕密而美好的關係。人出生到世間，是過去業力帶來的結果，也就是說，他一出生就承擔自己的前世業力。由於曾經以合一的靈魂生命形態存在，因此肉體和心魂蘊藏著活躍的靈性智慧以及決定業力運作特性的前世生命。從這個層面來看，人在出生時就是完成品（無論這聽起來有多麼神奇），而且只要幾年的時間就能成為從內而外發展「形成」（becoming）的生命。人的內在智慧源於在靈魂生命階段裡的成長，但唯有在塵世間，才有可能透過靈性的自由來發展道德意志、展現個體自我意識的特質。一粒道

44　德國的教師培訓課程具有相當嚴格的制度，尤其在1930年代。

德種子會在塵世間萌芽，但人自己必須不斷使它新生，絕不能視為理所當然，要時時刻刻不斷致力於「形成」的過程。這股超越自己、展望未來的力量必須活在老師心中，或者更確切的來說，如果想在學生身上發揮任何教化作用，這股力量就必須活在老師心中。

讓孩子學習各式各樣的事物，而不用在靈性上奮力追尋領悟與啟發，進而化為行動或許是有可能的，但是這樣無法使人成為教育者。**教育從來不是靠我們教什麼或者對孩子做什麼（這是教育的一大祕密），它靠的是我們的本質，甚至更棒的，靠的是我們在生命裡每個時刻的「形成」、在生命裡每個時刻成為的樣子。**有些教育者經歷命運的沉重打擊，因而成為蛻變的生命個體。你總會發現他們擁有最強大的教育力量，例如他們僅僅只是現身，就能鎮住一個連最有學問的教授也無法控制的大班級。我們可以把教育者形容成能改變自己的人，這並不是不切實際的理想，有強大道德力量的人自然會成為最好的老師。

老師在準備某個課程時，必須喚起內心的活動，跳脫一般呈現事物的方式，以全新的觀點去體驗，並且自由的賦予樣貌。只要用開放的心態尋找正確的教學方式，天底下的任何事物都能變得有趣起來（包括乘法表，甚至是令許多孩子頭疼的文法課）。如果老師秉持原則，絕不呈現連自己都感到乏味的東西，而且自己體驗

過要讓學生驚訝與讚嘆的教學內容，那麼他將訝異的發現學生是多麼快樂、熱切和勤奮的吸收他所教的東西。把這個美妙世界裡的任何部分變得枯燥沉悶，或者引發孩子的嘆氣呻吟，都是對孩子的心魂犯下大罪──不是因為疲倦和耗費心力（這無傷大雅），而是因為無聊乏味和漠不關心。如果老師自己能夠先努力理解這個世界的神奇與奧祕，哪怕只有一小部分，就不會發生這種情形，例如乘法表裡的規律、跟語言有關的任何事，更不用說所有自然現象。大人無論在何處展現活躍的靈性，都會發揮教育的作用，即使這種自由的內在活動與狹義的道德行為無關。當一個人從內心深處付諸行動，他就實現了道德行為，即使這種行為應當來自於思想的形構。**由意識所形成而且無私的教育力量，會跟暗中在兒童身上運作的自然形構力結合在一起，組成生命的根基，讓兒童逐漸發展成能夠自立，並擁有活躍靈性和道德自由的人。**

老師是改變命運的力量
──海倫‧凱勒和蘇利文老師

　　1887 年 3 月 3 日的春日午後，又盲又聾又啞的海倫‧凱勒（Helen Keller）站在家門口，等待著她整天都隱約感覺即將發生

的某件事情。海倫不知道那會是什麼，因為她從 1 歲多開始就聽不見任何聲音，也看不見一絲光線，只能憑著周遭的騷動和興奮氣氛來猜測。她不知道自己正在等待一生中最重大的事件——迎接她的老師，那個來向她揭示天地萬物、更重要的是來愛她的人 [45]。另一方面，蘇利文老師（Anne Sullivan Macy）很清楚她與海倫的會面有多麼重要。

「我用盡全力讓自己平靜下來，」三天後她在信中對朋友說，「因為我顫抖得幾乎無法站直。當我們接近那間屋子時，我看見那個孩子站在門口，然後凱勒上尉說：『她在那裡。一整天都知道我們在等待某個人，從她母親到車站接妳以後，她就不大聽話。』那孩子向我撲過來，力道大得讓我幾乎踏不上門階，如果凱勒上尉沒有站在我身後，我應該就被撞倒了。」至於海倫，她感覺到有人握住了她的手、把她抱起來，然後緊緊擁入懷中。

讀到這個情景，任何人都不能不感動得屏息，並且試圖理解命運的不可思議。

45　《海倫・凱勒自傳》（*The Story of My Life*），海倫・凱勒著，霍德與斯托頓公司（Hodder & Stoughton）出版。

每當發生這種命定般的相遇，人都會感受到天意的影響力。當一個人從自己和他人的例子中認識到神聖力量確實會引導人們在某個特定時刻相遇，使得彼此的人生道路從此有了交集，他甚至可能會認為這證明了神的存在，然後試圖勾勒命運的布局，在內心追溯自己和他人在相遇之前無意間注定走過的路。歌德走過什麼樣的路？席勒走過什麼樣的路？這兩條充滿內在與外在經驗的人生道路如此不同，甚至可以說是相反？這些道路為人所熟知，我們在學校都讀過，但我們可曾對兩人的相識——在克服看似難以跨越的阻礙之後找到彼此——感到讚歎？就像德國學者赫爾曼・格林（Herman Grimm, 1828 − 1901）所說的，他們從此以後不再只是歌德和席勒，而是歌德加上席勒和席勒加上歌德？不只是他們自己，人類未來的精神生活也因為這番相識而變得難以形容的豐富。

　　靈性受到身體障礙所困但極具天賦的海倫・凱勒與安・蘇利文老師的相遇，是一個讓人只能虔敬深思的命運奇蹟。在遇見彼此之前，她們究竟走過什麼樣的路？

　　我們可以從海倫・凱勒的自傳中充分了解她的人生遭遇，而我們在這裡只會稍作回顧：

海倫 · 凱勒的心魂與蘇利文老師的心魂之間的關係，所孕育的命運

1880 年 6 月 27 日，海倫·凱勒出生於美國阿拉巴馬州塔斯坎比亞市（Tuscumbia）。她原本是個健壯的嬰兒，很令父母歡喜，但到了 19 個月大的時候，因為罹患急性腦充血和胃充血發高燒，突然失去了視覺和聽覺。這場重病、母親的溫柔撫慰、在輾轉難眠中醒來並感到眼睛灼熱，以及漸漸看不到光線的驚恐時刻，都在她最初的記憶裡。

海倫·凱勒跟每個在換牙階段的孩子一樣有強烈的模仿衝動，她會試著揣摩從別人身上摸索到的一切。她是很聰明的孩子，能夠運用一些手勢讓別人逐漸了解自己的意思。我們必須清楚想像這個孩子的不幸遭遇：她擁有活潑的靈性、堅強的意志、強烈的感情，但這些能力都找不到素材表現出來。她看不見別人，也看不見周遭環境，只能靠觸覺、嗅覺和味覺去摸索。她的內在世界一片寂靜，聽不見任何聲音和話語，只能藉由感受振動來察覺。她靠著觸碰別人的嘴唇得知對方在交談，並且立即親身嘗試──發出自己聽不見、別人也無法理解的聲音。後來她發明了大約六十種手勢，但是只能夠應付最表面的日常生活需求。她

感覺自己的靈性受到壓制，只有層次較低及潛意識的感官[46]可以使用。她想要保衛自己、想要掙脫束縛，當她表達不出自己的意思時，就會慌亂的吼叫、暴怒、在地上翻滾、拳打腳踢，而在發完脾氣之後，她會精疲力竭、無比痛苦。她後來寫道：「我覺得好像有雙看不見的手在抓著我。」在 5、6 歲時，這些強烈的情緒每天都會爆發，然後每小時爆發，而且她是個特別強韌的孩子，從那場重病之後就沒有生過一天的病。一般的孩子到了這個年紀，體內的生命力會漸漸移入想像及思考生活，但海倫缺乏視覺與聽覺的感官印象基礎，無法透過想法（利用文字形式）和口語來表達，因此它們會壓得她喘不過氣，然後引發極可怕的情緒風暴。沒有人試著幫助她，不是因為不愛她（父母對她相當呵護），而是因為無能為力和缺乏經驗。沒有人試著教育她並且引導她的狂野意志，包容她的任性、滿足她的要求似乎是大家唯一能善待這個不幸孩子的方式。對這個孩子和她的父母來說，這是一段痛苦不堪的時期。

46　英文版譯注：史代納博士把感官分為十二種，層次較低的感官包括觸覺（sense of touch）、生命覺（sense of life）、運動覺（sense of movement）、平衡覺（sense of balance）、嗅覺（sense of smell）、味覺（sense of taste）、溫暖覺（sense of warmth），層次較高的包括視覺（sense of sight）、聽覺（sense of hearing）、語言覺（sense of the word）、思想覺（sense of thought）和自我覺（sense of an ego）。

海倫缺乏取得光線與聲音印象的能力，這是視力和聽力專家經過反覆測試後證實的結果。她所能運用的感官只局限於感受自己的存在，而沒有引導她進入外在世界，帶給她關於周遭事物的客觀知識。比方說，我們會透過觸覺接收指尖觸碰某樣東西時的感官印象，而這個印象會持續進行內在活動。在嗅覺方面，我們只能接收物體（例如具有揮發性的油）散發出來的氣味訊號，經由鼻孔與它結合；味覺可以使我們明顯體驗物質在自己口中化開並與唾液結合的感覺；視覺和聽覺比這些感覺更為客觀，而它們正是海倫被剝奪的感官能力，因此感官印象會驅使她愈來愈偏重自己的身體感知，進入一種很小的孩子才有的狀態，也就是較注意舒適與不舒適的身體感覺，較少察覺來自眼睛和耳朵的客觀感知。

　　在正常的發展過程中，形構力會從體內釋放一部分，以不同的形式在孩子的想像生活裡運作，然而海倫體內的強大形構力卻找不到地方發揮作用，因為她的感官知覺沒有任何印象可以轉化為創造性想像力的元素，所以這些形構力不斷被壓抑在體內，成為一股黑暗沉悶的意志力，任何清晰的想法或目標都無法觸及並啟發它。海倫似乎充滿了生命力，她從童年時期以來就是個健壯的孩子，而且她的意識力沒有被喚醒（或者說不夠醒覺），以至於無法克制她過於猛烈的活力，因此受到壓抑的生命力和意志力，

勢必只能以憤怒的形式爆發出來。

　　蘇利文老師在來到凱勒家之前也吃過很多苦。小時候的她也曾經幾乎完全失明且持續了很多年，所以她知道看不見是什麼感覺。14 歲時，她進入波士頓的柏金斯啟明學校（Perkins School for the Blind）就讀。她在這裡恢復了一部分視力並且通過了師資考試。她只比海倫大 14 歲，所以當海倫的塵世身體開始建構時，蘇利文正值青春期，經歷自己獨立靈性身體的誕生。當她們兩人相遇時，海倫 7 歲大，開始從遺傳的生命力當中解脫出來，形成承載個人氣質與記憶的獨立生命體。但蘇利文老師 21 歲，處於自我（Ego）的誕生時期，擁有獨立的靈性身體，而正因為有了自我，一個人才能站在家庭、人民與種族的對立面，與它們建立自由的關係，並且進一步要求自己成為心魂的主人，所以此刻的蘇利文老師已經足夠成熟──不是去主宰，而是去喚醒、培育、啟發另一個心魂，且她能憑著自己對人類的愛以及非凡的教育天賦做到這一點。她在教導海倫時，並沒有遵循任何嚴格的原則或教育系統，她會注意海倫發生了什麼事、表現出什麼行為，然後依據這些觀察來決定自己必須做什麼。她善用海倫強大的模仿衝動，幸好當她來到海倫家時，海倫的模仿衝動依然非常活躍。經歷多次充滿懷疑的較勁之後，她贏得了教育 7 ～ 14 歲孩子不可或缺的要素──權威。她為海倫所做的事，都建立在模仿與權威

的基礎之上。

海倫立即憑著模仿能力學習手語字母。她一邊觸摸某個物體，一邊感覺蘇利文老師在她掌心拼寫出來的字母，然後把兩者連結起來。但是最令人印象深刻的，是海倫在蘇利文老師指導了一個月後如何領略語言的奧祕，或者更確切的說，如何對單字與概念有了感覺。蘇利文老師用抽水泵汲出一股冷水，讓它流過海倫的一隻手，同時在她另一隻手的掌心拼出「水」這個字。海倫突然領悟到天地萬物都有自己的名稱，如果知道那些名稱和概念，她就能理解這個世界並且認同其他人對這個世界的觀點。那天，海倫「像個閃亮的小仙子」一樣東跑西跑的詢問每個東西的名稱，所有印象也透過觸覺、運動覺和平衡覺在她腦中形成概念。海倫在前一個月只認識了三十個字，但經歷了這次喚醒單字與概念感的重要事件之後，她一小時內就學會了三十個新字。這個聰明而極具天賦的孩子，在接受蘇利文老師的教導滿一年時，已經認識了九百個字。富有理解力的蘇利文老師發現海倫的能力之後，隨即捨棄了幼兒園的教學素材和初學者課程。她把海倫當作一個健康、正常且有責任感的孩子來對待（這也是她成功的重要祕訣之一），所以她會與海倫交談，並且回答她的問題。

蘇利文老師帶領海倫進入這個世界，與她一起展開許多旅程，將海倫可能接收的各種感官印象都傳遞給她，同時也為海倫

描述和解釋適合她理解的概念，以補足現實生活中欠缺的部分。事實上，老師與學生就像認知能力與概念（或者可以說人的生命體與靈體）一樣是相輔相成的。全人類都能從這個美好的例子裡體認到一個人對另一個人可以發揮多麼巨大的價值。蘇利文老師開啟了海倫生命中的豐富心魂，使它充滿生命，並且拯救了她，因為如果沒有喚醒她的靈性，她很可能就會陷入瘋狂愚蠢的境地。

　　毫不令人意外地，蘇利文老師很快就發覺教育這個孩子會成為她人生中的大事，只要她有能力和耐性去實行。她確實做到了！她和海倫愈來愈親近，而且基於對這項艱巨任務的無條件付出，她能憑直覺去理解海倫的心魂以及必須採取什麼樣的教育方法。在與海倫共同生活一小段時間之後，她寫信告訴朋友：

　　「不久之前，我不知道該如何開始工作，我完全在黑暗中摸索，但現在我知道了，我知道自己該怎麼做了。我無法清楚解釋，但當我遇到困難時，我既不困惑，也不缺乏資源，我曉得自己必須做什麼，我似乎能感覺到海倫的需要。這真的很奇妙。」

　　海倫也深感自己與蘇利文老師的心魂相通：

　　「我無法解釋蘇利文老師為何對我的快樂與渴望特別有共

鳴……起初的我可能性微小，是蘇利文老師把它們發揚光大。她的出現使我的一切充滿愛與喜悅的氣息，而且富有意義……我跟我的老師如此親近，我幾乎沒有想過我們是分開的個體。我永遠也分不清楚自己對所有美好事物的喜愛有多少是與生俱來、有多少是受她的影響。我感覺我和她緊密相連，她的生命足跡裡有我的生命足跡。我最好的一切都屬於她——我的天賦、快樂與渴望，無一不是她用愛的撫觸所喚醒。」

如同身陷死寂黑牢、被遲鈍感官給囚禁的孩子，能夠在藉由意識學習的啟蒙時期，遇見了唯一用靈性產生光輝並且用心魂來聆聽以此照亮孩子心魂且使之發聲的人，真的完全只是個偶然嗎？許多人後來都學會手語以便與海倫交談，而這個又盲又聾又啞卻能用最美妙的直覺感受人類一切事物的女孩也結交了許多好朋友。海倫的心魂渴求精神食糧，所以熱切的閱讀點字書，從中獲取豐沛的內在財富，她以無比活力追求的大學課程更提供了全面性的文化薰陶。在這些時刻裡，蘇利文老師成為真正的世界闡釋者，她獨自把人們透過手語或讀唇法試圖理解彼此的過程中勢必會遇到的困難和痛苦，轉化為福祉。如果我們可以不帶偏見的傾聽內在真理的聲音，就無法將「心魂與心魂之間的關係所孕育的命運」視為只是偶然發生在這一生中的事件。我們無意藉由這

個例子來證明某種特定的生命哲學，那是小看了海倫‧凱勒與蘇利文老師展現出來的「奇蹟」；如果我們能從中找到話語，讓它自己說明一切，那就足夠了。當蘇利文老師隱約感覺到，自己和海倫‧凱勒的命運共同交織在誕生於塵世前所經過的靈性世界，而那邊的星辰所揭露的事情時，她比任何人更不帶偏見、不受任何理論影響，也正是她在寫給朋友的一封信裡找到了這些話語：

「我懷疑有哪位老師能擁有如此饒富趣味的工作，一定是我出生時有顆幸運星在天上閃耀，而現在我開始感受到它的恩澤。」

華德福全人教育系列 經典圖書

尊重孩子的天性本質、用最貼近自然的方式，
提供最豐富、完整的感官教育。

《華德福經典遊戲書》

金 · 約翰 · 培恩／著；
華德福媽媽 姜佳妤（小魚媽）& 李宜珊／譯

- -

★根據孩子的能力發展，架構出最完整的華德福
　教育經典遊戲全解書

- -

本書運用清晰的圖像、實用的活動分享，並且讓讀者與回憶
對話，勾勒出孩子的遊戲。作者慷慨的提供超過 230 個經典
遊戲規畫，並且依照孩子年齡層，讓不論老師、家長、共學
團體、教育者……都能根據孩子的成長狀態，提供最完善、
合適的遊戲。這不只是一本提供遊戲規劃的書籍，更是讓所
有大人小孩，都能尋回生活中歇息、暫停的那枚生命休止符。

《華德福慢養教育》

金 · 約翰 · 培恩／著；舒靈／譯

- -

★三階段華德福教養，以溫柔、堅定的引導，回
　歸緊密、安定的親子關係

- -

在生活步調快速的時代，我們都收到過多的專家建議、不斷
的追求「流行」的教養方式，卻遺棄了父母應有的自尊，讓
孩子失去對我們的信任。當孩子感受到生活有太多瑣事，失
去了安定、安詳的步調，就會用吵鬧、不聽話、無理取鬧的
反應向我們發出救訊號。擁有多年教育經驗，父母教養的
靈魂導師──金 · 約翰 · 培恩博士，在你對教養迷茫時，
帶你找回教養的方向，陪伴孩子走過最艱困的親子之路。

《華德福教育的本質》

魯道夫・史代納／著；李宜珊／譯；成虹飛／審定

★教育不能只注意到兒童時期，必須要將一個
　人完整的一生都考量進去

華德福教育創始人—魯道夫・史代納博士，在《華德福
教育的本質》中，完整探討幼兒至兒童的身心靈發展歷程，
精準的描述兒童在算數、語言、音樂，透過圖像的學習概
念。教育不只是傳授知識，而是透過身、心、靈，全方位
發展的生命歷程。而魯道夫・史代納博士依循著最貼近
孩子心靈成長的方式，給予最適切的教育建議。

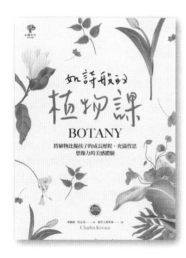

《如詩般的植物課》

查爾斯・科瓦奇／著；新竹人智學會／譯

★將植物比擬孩子的成長歷程，充滿詩意、哲
　理、人文關懷的植物學

啟發全球無數華德福教育工作者——英國華德福教師查爾
斯・科瓦奇在《如詩般的植物課》中，帶領我們用人文
與哲理的方式認身邊的植物以及與植物緊密連結的生物，
這本書不僅僅啟發全球無數教師，透過科瓦奇溫暖而又充
滿想像力與詩意的敘述，也能讓我們每一個人深深愛上所
居住的這片土地，看見人類與動植物之間最親密的連結。

《如詩般的動物課》

查爾斯・科瓦奇／著；新竹人智學會／譯

- -

★將動物比擬為人類身軀型態，從情感連結重新認識自然界

《如詩般的動物課》運用最美的類比、充滿詩意的文字，以及彷彿古希臘哲學家般的哲理，帶領我們從不同的角度看見動物世界。因為對人類來說，動物並不僅僅是生物學上的分類，而是與我們共同生存於這片土地、不可缺少的一分子，用一個個生動的故事帶出動物與人類交織出的溫馨互動。

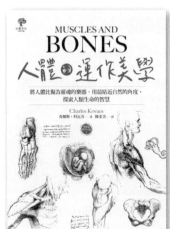

《人體的運作美學》

查爾斯・科瓦奇／著；陳柔含／譯

★看見人體的智慧，探索大自然創造最精緻的人體結構

當我們將靈魂視為一位音樂家，將頭部、四肢等人體部位視為靈魂的樂器，人類的生命便成了靈魂所演奏出最和諧的樂章。《人體的運作美學》帶我們從藝術與自然的角度學習人體結構，讓認識人體的過程不再是一門冷冰冰的科學，而是一場探索生命全貌與人體智慧的藝術之旅。

《天文與地理》

查爾斯 · 科瓦奇／著；王乃立／譯

- -

★從身邊的石頭、山巒，看見隱藏在身邊的土地
　生命

- -

我們都知道，地球歷經了千百萬年的活動，才變成現在這樣。
但是，要怎麼知道那些活動的歷程呢？山，會告訴我們。山
不會說話，但是山上的岩石種類、分布以及磨損的痕跡，都
可以告訴我們，它曾經接受過哪些考驗。不論是石頭、山脈、
河川、星空，都有自己的故事。只要我們願意仔細去觀察、
解讀，就能發現它們曾經的經歷。

《故事是教養的魔法棒》

蘇珊 · 佩羅／著；張書瑜／譯

★讓故事的風吹進孩子的心靈，就能改變孩子
　的行為問題

孩子介於想像與現實之間，他們輕易的穿梭於兩個世界，
也因此，當我們運用故事的力量與孩子溝通時，比起說理
與責罵更有成效。澳洲華德福資深教師，也被稱為「故事
醫生」的蘇珊 · 佩羅，累積 30 多年教學經驗與故事創作
經驗，寫下了華德福經典教養指南──《故事是教養的魔
法棒》，替那些因為孩子行為問題所苦惱的家長，建立了
一座溝通橋梁。

《照亮黑夜的故事》

（預計2022年6月上市）

蘇珊 · 佩羅／著

★讓故事的風吹進受傷的心靈，撫平孩子
　的失落與傷痛

生命成長過程總會面臨某一些失去——喪親、失去心
愛的物品、寵物過世、失去家園……而這些失落，又
帶領著我們繼續成長。然而，受傷的心靈需要撫慰，
但是身為成年人的我們，卻又常常不懂該如何陪伴孩
子面對失落的哀傷。「故事醫生」蘇珊 · 佩羅，帶領
我們一起創造獨屬於孩子的故事，讓故事陪伴、撫平
童年的傷痕。

《人為什麼會生病》

魯道夫 · 史代納／著；李佩玲／譯

★疾病，不只是生理上的一時病痛，它涵
　蓋了你的靈性、肉體與意識的連結

人智學創始人魯道夫 · 史代納演講內容，帶領你從人
智學醫學角度探討，從康復的過程中了解讓我們的內
在生命進步，從死亡的歷程影響外在世界的進化。唯
有開啟你的內心，從最深處的心靈去探索，才能知道
人類如何在生病與修復之間擺盪，才會明白人為什麼
會生病。